Weitere Bücher aus dem Herkules Verlag zum Verschenken

Alltagsgeschichten Ostdeutschland

Geboren in den 20ern
Unsere Kindheit, unsere Jugend ...
von Geo Kaef
80 S., gebunden, zahlr. S-w-Fotos
(ISBN 978-3-937924-58-8)

Geboren in den 30ern
Unsere Kindheit, unsere Jugend ...
von Uwe Schieferdecker
80 S., gebunden, zahlr. S-w-Fotos
(ISBN 978-3-937924-59-5)

Geboren in den 40ern
Unsere Kindheit, unsere Jugend ...
von Kurt Wünsch
80 S., gebunden, zahlr. S-w-Fotos
(ISBN 978-3-937924-60-1)

Geboren in den 50ern
Unsere Kindheit, unsere Jugend ...
von Sylvia Pommert
80 S., gebunden, zahlr. S-w-Fotos
(ISBN 978-3-937924-61-8)

Unerschrocken die Wahrheit sagen
deutsch/englisch
Auf Martin Luthers Spuren
Seine allerbesten Sprüche
von Doris Berth
64 S., gebunden, zahlreiche Farbfotos
(ISBN 3-937924-40-X)

Kurt Wünsch

Unsere Kindheit, unsere Jugend ... wo sind sie geblieben?

Geboren in den 40ern

Alltagsgeschichten aus Ostdeutschland

Dank
Der Autor bedankt sich bei allen, die für ihn in alten Erinnerungen gekramt haben und ganz besonders denen, die auch noch Fotos zur Verfügung gestellt haben.

Fotonachweis:
Museum Schloss Moritzburg Zeitz, Fotoarchiv (Frau Ute Rudolph)
Dieter Albrecht
Dr. Lothar Bräunsdorf
Siegfried Werner
Roland Rittig
Bernd Preuß
KW-Archiv
Holger Leisering
Herkules Verlag

1. Auflage 2008

Druck und buchbinderische Verarbeitung:
Druckerei Steinmeier GmbH, Nördlingen

34128 Kassel, Richard-Strauß-Straße 33, Tel. (0561) 9 37 17 38
www.Herkules-Verlag.de
ISBN 978-3-937924-60-1

Inhalt

Einleitung

Das Lied **„Schön war die Zeit, so schön ...“**, erfreute sich in den Fünfzigern und Sechzigern im Osten Deutschlands großer Popularität, obwohl kaum ein DDR-Bürger jemals auf „brennend heißem Wüstensand“ gesessen hatte.
Die in den Vierzigern zwischen **Ostsee** und **Erzgebirge Geborenen** werden sich daran erinnern und an vieles mehr, was in diesem Buch erzählt wird: Hungern und frieren in den Nachkriegsjahren, die sowjetische Besatzungsmacht, die Teilung Deutschlands; an Freud und Leid bei Spiel und Sport, an die ersten Fernsehprogramme, an Besuche aus dem Westen ...
Der Autor **Kurt Wünsch** und seine Zeitzeugen berichten vom Alltag dieser Generation, von Konflikten mit den Eltern, Schule, der Staatsmacht, von der ersten und zweiten Liebe. Die großen politischen Ereignisse zwischen 1940 und 1970 besaßen natürlich einen wesentlichen Einfluss auf den Lebensweg eines jeden Einzelnen, sie werden aber meist nur als zum Verständnis notwendige Fakten erwähnt.
So schön war die Zeit? Oder überhaupt nicht schön?
Der Autor ist sich bewusst, dass es keine einhellige Antwort auf diese Frage geben wird. Und er weiß auch, dass sowieso mancher das, was im Buch erzählt wird, ganz anders in Erinnerung hat.

Autor Dr. Kurt Wünsch (rechts) mit Zeitzeugen.

Die Russen kommen

Die erste Zeit war schlimm

Im Mai 1945 war Hitlerdeutschland besiegt. Endlich schwiegen die Waffen. Keine Mutter musste mehr mit ihren Kindern eilig Schutz vor Bomben in einem Bunker suchen.

Stalin und Truman in Potsdam, Juli 1945.

Westalliierte und sowjetische Truppen standen überall im Land. Wer von ihnen welche Teile Deutschlands als „Besatzungszone" verwalten würde, regel-

Nun waren die Russen da.

ten die Verträge von Jalta (4.2.–11.2.1945). Details sollte die Konferenz von Potsdam (17.7.– 2.8.1945) klären.

Für Ostdeutschland und damit für die spätere DDR bedeutete das: In manchen Orten waren die Russen bereits da, aus anderen zogen sich die Amerikaner vertragstreu im Juli 1945 zurück.

Ein Lehrer aus Mecklenburg erinnert sich:

Die erste Zeit mit den Russen war schlimm. Viele Frauen wurden zum Beispiel vergewaltigt. Aber wir Kinder hatten von den Besatzern nichts zu befürchten.

Dort, wo zuerst die Westalliierten eingezogen waren, wussten die Menschen nicht, was ihnen nach dem Wechsel bevorstand. Überall wurde heftig gestritten und spekuliert und die Kinder schnappten manches auf, was sie nicht verstanden.

Zunächst war man skeptisch

Gewiss gab es Väter und Mütter, die begeistert die neue Macht begrüßten, viele Menschen waren aber auch im Osten noch lange nicht dazu bereit, die Verbrechen der Nationalsozialisten in Grund und Boden zu verdammen. Im Gegenteil: Manche hofften sogar, dass Hitler noch lebte und eines Tages siegreich zurückkehren würde.
Die Russen – von sowjetischen Soldaten redete kaum einer – wurden eher skeptisch beobachtet.

Viele Menschen schimpften auf die Russen.

Russen zeigten sich kinderfreundlich.

Ein Mann aus Leipzig erzählt:
Ich war 1945 fünf Jahre alt. Ich weiß noch, dass meine Eltern, Tanten und Onkel damals auf Russen, Kommunisten und Juden geschimpft haben.

Kinder lernten in dieser Zeit sehr früh die Bedeutung von Worten, die heute eher selten zum Sprachschatz eines Fünfjährigen gehören: **„Gefallen“**, **„vermisst“**, aber auch **„abgeholt“**, nach der Verhaftung eines Nachbarn oder Bekannten.
Und „Umsiedler“, die im Familienkreis meist „Flüchtlinge“ oder „Vertriebene“ hießen.

Bei uns nicht!

Vertriebene in Güterwagen verladen

Die Menschen, die aus den Ostgebieten nach Mitteldeutschland verfrachtet wurden, lebten zuerst in **Baracken** und anderen **Notquartieren.** Aber die Staatsmacht war von Anfang an fest entschlossen, das nicht zu einem Dauerzustand werden zu lassen. Platz für „Umsiedler“ beschafften sie oft unter Androhung von Gewalt.

Hannelore W. erlebte es am eigenen Leib:
Wir mussten Brüx erst 1946 verlassen. 24 Stunden Zeit ließ man uns, etwas einzupacken und mitzunehmen. Verboten waren alle Wertgegenstände, soweit noch vorhanden. Ich war sechs Jahre alt und hatte meine Lieblingspuppe im Arm. Auf der Straße riss sie mir ein tschechisches Mädchen aus der Hand, das weiß ich noch selbst und nicht aus späteren Erzählungen meiner Mutter.

Umsiedler (Flüchtlinge) kamen in Güterzügen in den Städten an. Dann wurden sie zunächst in Notquartieren untergebracht.

Wir wurden in Güterwagen verladen *und unser Zug fuhr fast vier Wochen quer durch Deutschland. Immer hin und her, da es für uns keinen Platz mehr gab. Wir kamen durch den Süden und Westen von Deutschland und landeten am Ende in Neustrelitz in einer Baracke eines ehemaligen* ***Fremdarbeiterlagers****. Dort holte uns mein Onkel ab. Er hatte durch das Rote Kreuz von unserem Aufenthaltsort erfahren. Ja, er stand mit einem LKW eines Tages vor dem Lagertor. Diesen hatte er von seiner Arbeitsstelle im Braunkohlentagebau entliehen. Die Verwaltung des Lagers war natürlich froh darüber. Wieder*

ein paar Esser weniger. In Bitterfeld bekam meine Mutter sofort Arbeit in der Grube und uns wurde eine Wohnung in einem Einfamilienhaus zugewiesen. Die Besitzerin weigerte sich, uns aufzunehmen. ***„Bei uns nicht“,*** *sagte sie und schlug die Tür vor unserer Nase zu. Sie gab ihren Widerstand erst nach polizeilichen Androhungen auf.*

Abenteuer Panzerfahrt

Zur Freude der Kinder

Kinder sind neugieriger als Erwachsene und spüren genauer, wem sie ohne Gefahr begegnen und wessen Gesellschaft sie lieber meiden sollen.
Das zeigte sich deutlich nach dem Krieg beim Umgang mit den fremden Soldaten.
Für die Amerikaner galten strenge Regeln: „No Fraternization – keine Verbrüderung mit Deutschen. Wer zum Beispiel mit deutschen Frauen sprach, musste damals 65 Dollar Bußgeld zahlen. Für den Umgang mit Kindern gab es wohl keine Strafandrohung. Die Kinderliebe der sowjetischen Soldaten wurde im Osten immer wieder besonders betont.

Viele Sowjetische Soldaten bemühen sich um ein freundschaftliches Verhältnis zur Bevölkerung.

Zu Recht, meint Anita. Z. und beschreibt ihre Erlebnisse als Fünfjährige mit den verschiedenen Besatzungstruppen:
In unserer Familie wurde oft über diese Zeit geredet.

Die Amerikaner in unserer Stadt waren hauptsächlich Schwarze, die wir selbstverständlich Neger nannten. Ebenso selbstverständlich besaßen die scheinbar alles, was Kinderherzen begehrten: Kaugummi, Bonbons, Schokolade und verteilten es auch an uns.
Blonde kleine Mädchen wie mich liebten sie wohl besonders. Ich möchte gern mal wissen, in wie vielen amerikanischen Fotoalben ein Bild von mir klebt.

Tauschgeschäfte und Schnaps brennen

Dann rollten die Russen auf unsere Straße. ***Herrgott, wie die aussahen!*** *Nicht einmal richtige Stiefel hatten die an den Füßen. Äußerlich kein Vergleich mit den Amerikanern! Es dauerte aber auch dieses Mal nicht lange, bis wir Kinder vor ihren Fahrzeugen standen. Zu holen war nicht so viel wie vorher. Sie spekulierten mehr auf* ***Tauschgeschäfte****, die nicht selten wir Kinder abwickelten, um keinen Verdacht zu erregen:* ***„Schnaps gegen Lebensmittel"*** *kann man diese Geschäfte zusammenfassend nennen.*
Den Schnaps produzierte mein Vater selbst aus Rüben. Das war vielleicht eine aufregende Geschichte, denn ***„Brennen"*** *war strengstens verboten. Also lief die Anlage im Schutz der Nacht und aus technischen Gründen vom Keller bis in die erste Etage unseres Hauses.*
In vielen Wohnungen hatten sich sowjetische Soldaten einquartiert. Den Eigentümern blieb oft nur ein einziger kleiner Raum.

Sowjetische Offiziere feierten gern auch mal mit ihren deutschen Quartiergebern.

Anita Z. erzählt weiter:
Einmal blieb den Erwachsenen in unserer Straße beinahe das Herz vor Angst und Aufregung stehen. Ein sowjetischer kleiner Panzer setzte sich mit drei

Kindern plötzlich in Bewegung. Alle glaubten an eine Entführung. Die Soldaten erfüllten aber nur den Wunsch der Jungen, einmal mitzufahren.

Knurrender Magen und eiskalte Füße

Der Teller wurde abgegessen

Erfahrungen mit dem Hunger machten nach dem Krieg alle Mädchen und Jungen in Ostdeutschland, obwohl die meisten Eltern oft mit knurrenden Mägen schlafen gingen, um ihre Kinder halbwegs satt zu kriegen. Was an Essbarem vorhanden war, wurde geteilt und eingeteilt, selten verfaulte oder verschimmelte etwas. So oft es sich einrichten ließ, saß die ganze Familie gemeinsam am Tisch. Den Schulkindern packte die Mutter morgens eine Frühstücksschnitte in den Ranzen, die wohl nie in einen Abfallbehälter wanderte oder zurückgebracht wurde. Zusätzlich verteilten die Lehrer eine Zeit lang Brötchen an **Flüchtlingskinder** und an Kinder, deren Eltern **ausgebombt** waren.
Eine warme Mahlzeit am Tag musste sein, auch wenn in einer Suppe, **„mehr Augen reinguckten als raus“** (Fettaugen).

Zunächst ging es nach dem Krieg darum, erst mal richtig aufzuräumen.

„Gute" Butter gab's nur selten

Furcht vorm Butteressen (das Wort Cholesterin kannte niemand) plagte keinen, im Gegenteil, sie hieß die „Gute" und stand meist nur am Sonntag auf dem Tisch.
Aber wie sehr sich die Hausfrau auch mühte einzuteilen und vielleicht noch etwas Zusätzliches zu besorgen, **Hunger** blieb in den ersten Nachkriegsjahren ein ständiger Gast.

Kohlenklau von langsam fahrenden Zügen

Im Winter gesellte sich die Kälte dazu, besonders schlimm 1946/1947. Bereits Ende November froren Flüsse und Seen zu, die Temperatur sank auf minus 25 Grad Celsius. Eis und Schnee blockierten Straßen und Wege. Bald freuten sich nicht mal mehr die Kinder über die weiße Pracht. Gegen die bissige Kälte halfen die selbstgestrickten Mützen und Handschuhe wenig. **Eiskalte Füße** waren fast normal. Auch in den Wohnungen wurde es immer ungemütlicher. In den so genannten Kohlekellern standen nur noch leere Kisten. Der frühe Frost hatte einen Teil der Kartoffelernte verdorben. Viele Betriebe mussten wegen Kohle- und Rohstoffmangel die Produktion drosseln oder ganz einstellen.

Der Besitz eines Handwagens war eine Kostbarkeit nach dem Krieg.

In Berlin waren im Januar 1947 etwa 200 000 Menschen ohne Arbeit, weil die Kohle, die aus dem Ruhrgebiet geliefert werden sollte, ausblieb. Um nicht zu erfrieren, griffen viele Menschen zur **Selbsthilfe**, zogen mit Säcken und Handwagen los, sprangen auf langsam fahrende Züge auf, klauten Kohlen.

Milch holen und Kartoffeln schälen

Kinder mussten mithelfen

Die Kinder mussten nach dem Krieg schneller „erwachsen" werden als heute, mussten helfen und Verantwortung übernehmen.

Hans W. erinnert sich:
Im Mai 1947 wurde ich sechs Jahre alt. Über meine Pflichten habe ich damals nie lange nachgedacht und, das bestätigten meine Eltern später oft, nie gemurrt oder protestiert. Das musste eben so sein, auch wenn ich plötzlich vom interessanten Spiel wegkommandiert wurde. Oft fühlte ich mich sogar stolz und glücklich, wenn ich gebraucht wurde.
Also, die Milch habe immer ich geholt. Eine Viertelstunde lief ich mindestens bis zum Händler und dabei zweimal über eine belebte Straße. Beim Einkauf achtete ich genau auf Geld und Marken, obwohl dem Milchmann sicher nicht im Traum eingefallen wäre, Kinder zu betrügen. Ich erinnere mich, dass er immer guter Laune war. Er schöpfte lächelnd die Milch aus einer großen in meine kleine Kanne und sagte gewöhnlich: „Pass schön auf!" Milch war kostbar wie alle Lebensmittel. Im Konsum durfte ich höchstens Kleinigkeiten kaufen, nur, was man dort ohne Marken erhielt, zum Beispiel Salz.

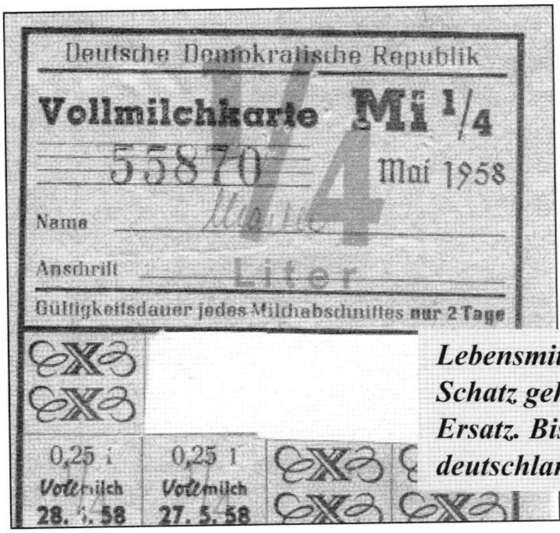
Deutsche Demokratische Republik
Vollmilchkarte Mi 1/4
55870
Mai 1958
Name
Anschrift
1/4 Liter
Gültigkeitsdauer jedes Milchabschnittes nur 2 Tage
0,25 l Vollmilch 28. 5. 58
0,25 l Vollmilch 27. 5. 58

Lebensmittelkarten wurden wie ein Schatz gehütet, bei Verlust – kein Ersatz. Bis 1958 gab's die in Ostdeutschland (DDR).

Wer die Marken verlor oder verbummelte, war übel dran. Bei Verlust kein Ersatz. Selbstverständlich musste ich auch im Haushalt dies und jenes erledigen. Allerdings nicht so viel wie meine ältere Schwester. Mädchen und Jungen wurden unterschiedlicher erzogen als heute. Wir Kinder sollten ***richtige Jungen oder Mädchen*** *werden. Das kriegten wir oft zu hören. Ich durfte zum Beispiel nicht so leicht losheulen wie meine Schwester.*

Kartoffeln schälen schied für mich aus und die Schwester brauchte nie für Kohlen oder Holznachschub zu sorgen.
In den Keller fielen die Kohlen übrigens auch nicht von allein. Wir holten sie im ***Handwagen*** *vom Händler – wenn dort welche vorrätig waren.*

Zinnsoldaten und Puppenkleider

Spielzeug – Wäscheklammern statt Bausteine

Nach dem Krieg mieden die meisten Eltern Geschäfte, wo es Spielzeug zu kaufen gab, weil sie das knappe Geld dringend für Kleidung oder Lebensmittel brauchten. Die Kinder halfen sich mit Phantasie. Mamas Klammern ersetzten fehlende Bausteine, Hölzchen wurden zu Autos, die durch die Wohnung sausten, aus Papier entstanden Puppen und ihre Kleidung. Die Eltern setzten sich abends hin und „machten etwas selbst". Die Väter gossen zum Beispiel **Zinnsoldaten** oder bauten ein Fußballspiel und die Mütter formten Puppenköpfe.
Soldaten aber und **Kriegsspiele** wollten viele Erwachsene nicht mehr sehen und hören, weshalb nicht selten öffentliche Auseinandersetzungen darüber geführt wurden.

Vielen Erwachsenen missfiel, wenn Kinder mit Soldaten spielten.

Ich werde Sie anzeigen

Fräulein St., eine glühende Antifaschistin, beobachtete mich beim ***Spielen mit Zinnsoldaten.*** *Eine deutsche Abteilung besiegte wohl gerade eine englische oder französische. Die Empörung des Fräuleins gipfelte in dem Satz gegen meine Eltern: „Ich werde Sie anzeigen!“* (Was sie nie getan hat), erinnert sich Hans Z.
Auf Böden und in Kellern fand sich noch „Vorkriegsware“. (Die Kinder wussten, was das Wort bedeutete, nämlich nicht nur gute Qualität, sondern auch Erinnerung an bessere Zeiten). Auch Spielzeug gehörte dazu! **Kaufmannsladen, Puppenstube, Schaukelpferd ...**

Mädchen spielten wie eh und je gerne mit Puppen.

Wer ein Schaukelpferd besaß, konnte sich glücklich schätzen.

Spielzeug oft nur zu Weihnachtstagen

Geduldig und liebevoll wurde geleimt, ausgebessert, neu bemalt.
Die Kinder lernten schätzen, was ihnen gehörte und achteten sehr darauf, dass kein Soldat, Indianer oder Puppenkleid irgendwo liegen blieb und auf Nimmerwiedersehen verschwand.
Manches Spielzeug, das vielleicht zu Weihnachten unter dem Tannenbaum gestanden hatte, verschwand nach einer gewissen Zeit wieder und nur Papa oder Mama wussten, wohin.

Anita Z. wusste es auch nicht:
Ich freute mich jedes Mal vor Weihnachten besonders auf die Puppenstube. Ich wusste, dass der Weihnachtsmann bestimmt daran denken würde. Alles war neu bemalt und ausgestattet. Nach dem Fest spielte ich stundenlang damit. Eines Tages stand die Puppenstube nicht mehr an ihrem Platz. Meine Eltern beschuldigten den Weihnachtsmann des Diebstahls.

Im Herbst und Winter saßen Eltern, Großeltern und Kinder oft an einem Tisch und würfelten oder spielten Karten. Sehr viel Auswahl bei der Wahl des Spieles hatten sie nicht. An erster und beliebtester Stelle stand **„Mensch ärgere dich nicht"**.
Niemand wunderte sich oder beschwerte sich gar, wenn dasselbe Brett immer wieder auf den Tisch gestellt wurde.
Die Erwachsenen waren voll dabei, bis die Zeit zum Schlafengehen für die Kinder heran war. Die wurde in den meisten Familien wie ein Naturgesetz angesehen.

Tisch-Fußballspiel: Alles selbst gemacht.

Natürlich spielten die Kinder hauptsächlich draußen: hier beim beliebten Murmelspiel.

Tipp, Tipp, Tipp, wer soll das sein? – oder „Himmel und Hölle“

Wohnen in einem Raum

Die Eltern brauchten ihre Kinder nicht so wie heute oft, regelrecht an die frische Luft zu jagen. Mädchen und Jungen liefen froh und freiwillig raus, was auch positive Auswirkungen auf ihre Gesundheit hatte. Dicke Bäuche und stramme Hüften waren eine absolute Seltenheit.

Kinderspiele in Ruinen, auf Hinterhöfen ...

Die Welt draußen flimmerte nicht virtuell ins Wohnzimmer, sondern zeigte sich gleichzeitig erschreckend und für die Kinder verlockend real. **Ruinen, Bombentrichter** und **Trümmerberge** waren echte Abenteuerspielplätze.

Die noch lange Zeit bestehenden Ruinen oder zerbombten Häuser eigneten sich natürlich auch als hervorragender Spielplatz für Kinder. Das war nicht immer ganz ungefährlich.

Ruinen blieben nicht überall lange Ruinen. An vielen Stellen arbeiteten Maurer und Zimmerleute und vor den Häusern lagen Sandberge. Hier entstanden kunstvolle **„Kullerbahnen“** und die Kugeln waren auch noch für eine Art Miniboccia zu gebrauchen.

Die Älteren nahmen ihre jüngeren Geschwister mit. Was konnte man hinter zerfallenen Mauern und in erhalten gebliebenen Kellerräumen nicht alles finden und erleben, vom zerbeulten Kochtopf bis zu Nazisymbolen.

Aus herumliegenden Steinen und Balken wurden geheimnisvolle **„Buden“**

gebaut, in die Verpflegung, Decken, alte Töpfe und noch sonst was geschleppt wurden und die am Ende ein Kerzenstummel erleuchtete.
Möglichkeiten zum Spielen gab es auch in den Großstädten auf **Straßen** und in **Hinterhöfen**. Autos fuhren, wenn überhaupt, langsam und vorsichtig. Störender Lärm? Mittagsruhe? Fehlanzeige. Selten, dass ein Erwachsener das Fenster aufriss und „Ruhe" brüllte. Das lag wohl vor allem daran, dass sich die älteren Menschen am sorglosen Spiel der Kinder erfreuten und nicht vergessen hatten, wie es im Krieg gewesen war, wo jederzeit das Heulen der Alarmsirenen Kinder und Eltern zur Flucht in die Bunker getrieben hatte.

Fußballspielen war Ehren- aber ausschließlich Jungensache und jeder Ball ein kleines Heiligtum. Wer einen besaß, den brauchte der Vater nicht ermahnen, die Kugel wieder mit nach Hause zu bringen.

Provisorische Tore wurden aus Steinen, Hölzern oder Jacken auf der Straße markiert und mussten, wenn ein Auto heranrollte, meist nicht weggeräumt werden.
„Trümmer-Ostdeutschland" war kinderfreundlich! Sogar Hockeyspiele waren auf der Straße zu sehen, wobei Großvaters Spazierstock eine nicht vorgesehene Verwendungsmöglichkeit erhielt. Zum Hopsen **vom Himmel in die Hölle** ließen sich die Jungen von den Mädchen nur in Ausnahmefällen überreden.

„Herr Fischer, wie tief ist das Wasser?", **„Jule hat ein Schwein geschlachtet"**, **Hasche, Verstecken und Völkerball** spielten sie mit den Mädchen gemeinsam. Um den Namen des letztgenannten Spieles gab es zuweilen Streit

zwischen den Erwachsenen. Der Gegner muss mit dem Ball getroffen werden und dann „tot“ sein. „Nur ein Spiel“, sagten die einen, andere hoben warnend den Finger:
Ein nazideutsches Kriegsspiel.
Spielhöhepunkt, meist absichtlich in der Dämmerung begonnen, um die Zeit bis zum „Reinmüssen“ zu verlängern, war **„Räuber und Gendarm“**. Ein Spieler musste den Rücken beugen und sich die Augen zuhalten. **„Tipp, tipp, tipp, wer soll das sein?** Räuber oder Gendarm?“ Die Räuber verschwanden und die Gendarmen rannten hinter ihnen her. Die Eltern riefen sich die Kehlen nach ihren Kindern aus den Hälsen. Ein ganz spezieller Wettkampf wurde besonders in Berlin zelebriert. Es hieß schlicht und einfach **„Weitpinkeln“**. Es gibt Hauptstädter, die heute noch steif und fest behaupten, dass sich damals auch Mädchen daran beteiligt hätten.

Bau auf und bau an!

Als Lohn eine Schnitte Brot

Das Ende von Krieg und Naziherrschaft nannten die Ostdeutschen lange Zeit den **„Zusammenbruch“.**
Später wurde in der DDR der 8. Mai als **„Tag der Befreiung“** offiziell gefeiert und mit tausend Dank an die Sowjetsoldaten verbunden. Die Kinder konnten sich unter Zusammenbruch nur etwas Konkretes vorstellen, zum Beispiel einen Turm aus Bausteinen, der plötzlich das Gleichgewicht verlor. Viel redeten die Väter und Mütter sowieso nicht vom glorreichen „Führer“, lieber von Friedenszeiten und Friedensware. Der Wille, die Verbesserung der Lebensverhältnisse selber in die Hand zu nehmen, war groß. **„Wer sonst, wenn nicht wir“**, war oft zu hören.
Zum „Wir“ gehörten sogar schon achtjährige Kinder. Das Lied **„Bau auf, bau auf!“** wird heute noch manchmal gespielt und dabei meist belächelt. Nach dem Krieg nicht.

Bruno K. erinnert sich:
Meine Eltern bauten 1949 ihr zerbombtes Haus wieder auf. Ich war gerade neun Jahre alt geworden und klopfte verrostete Nägel gerade, Putz von den Steinen, schippte Sand in Eimer und sägte unter Anleitung Dachlatten gerade. Alle meine Freunde und auch viele Jugendliche aus der Straße halfen. Zur Belohnung erhielt jeder am Ende des Arbeitstages eine dick mit Margarine und Wurst beschmierte Schnitte Brot. Das war eine erstrebenswerte „Bezahlung“.

Ackerland vom Staat

Wo immer es möglich war, vergab die Staatsmacht Ackerland. „**Bau an!**", hieß auch eine Losung, wenn auch nicht musikalisch begleitet. **Salat, Spinat, Kartoffeln ...**

Steine oder kurze Holzpfähle markierten die Grenzen und waren unantastbarer als Maschendrahtzäune. Das galt auch für fremde Gärten hinter Zäunen, obwohl die kinderleicht überwunden werden konnten.

Bruno K. hat ein Erlebnis bis heute nicht vergessen:

Einmal habe ich Blumen für meine Mutter aus einem fremden Garten geklaut. Ich musste sie, trotz aller meiner Bitten und Tränen, dem Eigentümer zurückbringen.

Ein Nutzgarten half vielen Familien über die schwere Anfangszeit nach dem Krieg hinweg.

Ziegen in der Stadt

Selbstversorgung hieß nach dem Krieg auch Klein- und mittelgroße Tierhaltung. Wer irgendwo Platz dazu besaß, zog Draht darum und sperrte **Hühner** dahinter.

Hähne gehörten aus Nachzugsgründen meist dazu und biologisch waren die gelegten Eier sowieso. **Kaninchen** hockten in abenteuerlich aussehenden Buchten, **Schweine** grunzten und **Ziegen** meckerten nicht selten mitten in der Stadt. Und alle Tiere wollten fressen!

Grünfutter konnten auch Sechsjährige besorgen und auch den Hühnern ihre tägliche Ration Körner zuwerfen.

Nicht selten: Ziegen und Hühner in der Stadt.

Vor den „**Tierzählern**“ zitterte mancher, der was Lebendiges im Stall hatte. Diese im staatlichen Auftrag kontrollierenden Damen und Herren notierten, was an Viehzeug zu viel herumlief, was zu Kürzungen auf den **Lebensmittelkarten** führen konnte.
Deshalb wurde versteckt.
Hans W. wunderte sich:
Ich wusste nicht, dass die Tierzähler unterwegs waren und betrat zufällig das Schlafzimmer meiner Eltern. Auf den Betten saßen zwei Hühner und der Hahn krähte von der Kommode herunter.
Mit dieser Art Betrug hatten die Kinder übrigens keine Probleme, von Hühnern im Schlafzimmer stand ja nichts in den zehn Geboten. Sie schadeten ja niemandem und waren nicht geklaut. Hühnerfutter wurde selten gekauft. Wer irgend konnte, zog hinaus auf die Felder und wartete an den Rändern darauf, dass sie vom Bauern „frei“ gegeben wurden. Danach sahen sie sehr unter-

Glück hatten die Städter, wenn die Bauern es bei der Ernte absichtlich nicht so genau genommen hatten.

schiedlich aus. Manche Bauern hatten so lange gekratzt, bis kaum noch eine Ähre zu sehen war, andere es absichtlich nicht so genau damit genommen.

Hans W.:
Sechs Jahre war ich gerade mal alt, als mich meine Mutter zum ersten Mal zum Ährenlesen mitnahm. Sie band mir eine selbstgeschneiderte Schürze um und los ging's. Länger als eine Stunde. Der Schweiß lief mir nicht nur wegen der Sonne von der Stirn, mich packte der Ehrgeiz.

Endlich barfuß

Leibchen und lange Strümpfe

Die Kleidung der Kinder wird auch heute in Familien oft zum Problem. Nach dem Krieg lautete die Frage aber selten, was Sohn oder Tochter tragen sollten, vielmehr beschäftigte die Eltern, ob überhaupt ein Kleidungsstück einigermaßen zum Wetter passend vorhanden war.

Aber schon damals wagten die Sechs- bis Achtjährigen vorsichtig Protest, wenn zum Beispiel auch für Jungen das **althergebrachte Leibchen** bereitgelegt wurde. Dabei handelte es sich um eine Art **Strumpfhaltergürtel**, an den die langen Wollstrümpfe gezwickt wurden. Abgetragen werden mussten immer zum Beispiel zu klein gewordene Sachen älterer Geschwister oder anderer Kinder.

Ein Junge mit den schrecklich kratzenden, langen Strümpfen, befestigt am (natürlich nicht zu sehenden) Leibchen.

Wollpullover troddelten Mütter oder Großmütter wieder auf, um das Material neu verwenden zu können. Dem Aussehen der Mädchen widmeten die Eltern, wie wohl zu allen Zeiten, besonders viel Aufmerksamkeit und Mühe.

Hosen trugen die jungen Damen so selten wie ihre Mamas. Also Röcke bis übers Knie, Blusen mit Bubikragen oder Rüschen, Pullover bis zum Hals, möglichst weiße Kniestrümpfe im Sommer und lange wollene im Winter. Die Haare wurden meistens zu Zöpfen geflochten oder in Kränze gelegt. Strenge Unterschiede der Kleiderordnung mussten die Kinder frühzeitig akzeptieren. Zur Schule wurden sie so gut angezogen wie möglich, was **„sauber" und „ordentlich**" hieß. Die Lehrer kontrollierten sogar.

Läuse im Haar und Schuhe aus Igelitt

Wir wurden in den ersten Schuljahren (1946–1948) irgendwie ständig untersucht. Auf Läuse im Haar sowieso und ob wir zum Zahnarzt mussten. ***Aber gelegentlich inspizierte eine Lehrerin auch unsere Ohren und Fingernägel auf Sauberkeit,*** weiß Anita Z. noch.

Wieder zu Hause nach dem Unterricht angekommen, folgte prompt die Aufforderung: **„Zieh dich erst mal um"**, entweder, um eine Arbeit zu verrichten oder zum Spielen zu gehen.

Geeignete Schuhe fehlten besonders oft. **Auf Bezugscheine** konnten sie gekauft werden, aber erstens reichten die Scheine nie und zweitens das passende Angebot in den Läden auch nur selten. Der Mangel machte wie immer erfinderisch. Weil „echtes Leder" Seltenheitswert besaß, wurden beispielsweise Schuhe aus **Igelitt**, ein plasteartiger Kunststoff, angefertigt oder Kinder klapperten wie zu Omas Zeiten in **Holzpantoffeln** über die Straße. Oft blieb nur ein Gang zum **„Schwarzmarkt"**.

Schwarzmarkt: Taschenuhr gegen Kinderschuhe

Anita Z. erinnert sich:

Den Markt unserer Stadt kannte ich 1947 als Sechsjähriger genau. Aber wo war der „schwarze"? Eltern und Großeltern beantworteten diese Frage gänzlich unverständlich. Der Handel dort war ja offiziell streng verboten. Einmal durfte ich aber doch meinen Großvater begleiten. Vielleicht hatte der auch darauf bestanden, denn für seine ***Taschenuhr*** *sollten* ***Schuhe*** *für mich getauscht werden. Wir erreichten den Handelsplatz in der Dämmerung. Überall standen Männer meist mit Aktentaschen unterm Arm, die so taten, als interessierten sie nur die Gebäude oder der Himmel. Als ein Polizist auftauchte, verschwanden sie wie Sperlinge vor menschlichen Schritten und waren, nachdem die Staatsmacht außer Sichtweite, sofort wieder da. Mein Großvater sprach, ich glaube, mindestens zehn Männer an:* ***„Schuhe für das Mädchen, ich biete eine Taschenuhr."*** *Die Taschenuhr wollten alle, aber Kinderschuhe steckten in keiner Aktentasche.*

„Markenartikel" gab es übrigens auch bereits. Die Amerikaner schickten **Care-Pakete** nach Deutschland und irgendwie erreichten manche auch den Osten, meist in Person des Pfarrers. Der verteilte dann mehr oder weniger heimlich so gerecht wie er's vermochte.

Barfuß als Dominoeffekt

Aber noch ein paar Worte über die kostbaren Schuhe. Die Jungen bolzten natürlich ohne Rücksicht darauf und kamen oft mit hängendem Kopf und

Barfuß spielen die Kinder in einem Barackenlager mit ihrer Betreuerin.

Schuhsohlen heim. Wenn aber die Sonne hoch genug stand und warm genug schien, dann kam die glückliche Zeit des **Barfußlaufens**. Endlich blieben die verhassten **langen Strümpfe** im Schrank. Der Tag, an dem das endlich erlaubt wurde, war ein richtiger Feiertag. Einer mit Dominoeffekt. Den löste das erste Mädchen oder der erste Junge aus, der ohne Schuhe und Strümpfe auf der Straße zu sehen war. Danach konnten die meisten anderen Eltern nicht anders und erlaubten ihren Sprösslingen ebenfalls das Barfußlaufen.

Schicke Kleider haben sie an, diese beiden Mädchen in den 50er Jahren. Natürlich im Sommer, ohne die auch bei den Mädchen unbeliebten langen Wollstrümpfen. Kurze Socken waren angenehmer zu tragen.

Ab ins Bett und Hausmusik

Mit der Wärmflasche ins Bett

Antiautoritäre Erziehung hatte nach dem Krieg noch niemand erfunden. Nur selten wurden zum Beispiel Kompromisse beim Schlafengehen gemacht. Meist schlug die Abschiedsstunde von Spiel und Unterhaltung für die Vorschulkinder exakt um 19 Uhr, nach Essen, Waschen und Zähneputzen.

Klaus W. erinnert sich:
*Meine Eltern haben mir später oft erzählt, wie sie damals das Zubettgehen gestaltet haben. Demnach hätte ich zwar niemals zu protestieren, aber mit Hilfe aller möglichen Tricks die **Aufbleibezeit** zu verlängern versucht, zum Beispiel im Winter die **Wärmflasche** versteckt. Wärmflaschen bestanden aus Gummi.*

Gefüllt mit heißem Wasser sorgten sie im ***ungeheizten Schlafzimmer*** *dafür, dass man unter der Bettdecke nicht vor Kälte mit den Zähnen zu klappern anfing. In Zeitungspapier eingewickelte und in der Backröhre vorgewärmte Ziegelsteine erfüllten den gleichen Zweck, waren im Bett aber nicht ungefährlich. Also, mein Vater wusste selbstverständlich, dass die Wärmflasche nicht die Katze geholt hatte. Also hieß es, ab ins kalte Bett.*

Mit solch einem Küchenherd wurde gekocht, Wasser fürs Bad heiß gemacht, gebacken und nicht zuletzt, bei klirrender Kälte, manchmal die Wärmflasche warm gemacht – fürs viel zu kalte Bett.

Erziehung bedeutete zum Beispiel auch: Aufstehen vor Erwachsenen in S-Bahn, Bus und Straßenbahn. Geübt wurden Begrüßungs- und Abschiedszeremonien. Pädagogische Anleitungsbücher lasen die meisten Papas und Mamas nicht. Überhaupt theoretisierten sie selten über Erziehung und handelten nach Gefühl und eigenen Moralvorstellungen. Kinder hörten immer wieder Sprüche wie: **„Was du heute kannst besorgen, das verschiebe nicht auf morgen." „Was du gebraucht hast, tu sofort an den dafür bestimmten Ort."**

Oder später auch: **„So lange du die Beine unter Vaters Tisch stellst, hast du auch zu machen, was Vater will!"**

Nichts für Kinderohren

Ausnahmen von den Regeln, zum Beispiel Vaters Satz: **„Du darfst heute so lange aufbleiben, wie du willst"**, waren einsame Höhepunkte im Leben der Kinder, zu Weihnachten oder bei Familienfesten etwa. Nur selten drückte das Familienoberhaupt mal ein Auge zu.

Ein Berliner erinnert sich:
Das Haus, in dem wir wohnten, war wie durch ein Wunder zwischen lauter

Ruinen stehen geblieben und unsere Wohnung hatte keinerlei Schaden genommen. Deshalb trafen sich die Freunde meiner Eltern regelmäßig an den Wochenenden bei uns. Die meisten brachten Musikinstrumente mit und auch mein Vater sang zur Gitarre.
Seine Lieder kann ich heute noch auswendig. Zum Beispiel das vom treuen Hund, der seinem Herrn durch den eigenen Tod das Leben rettete.
Warum ich das Lied so oft gehört habe? Nach dem Kommando ***„ab ins Bett“****, machte ich mich zwar fertig, kroch aber anschließend nicht unter die Bettdecke, sondern den Tisch. Natürlich blieb das niemandem im Raum verborgen. Meine Mutter hat mir später erzählt, dass Vater gemeint habe, ich sollte diese Lieder ruhig hören, weil sie den Charakter bildeten. Andere, wie „Trink, Brüderlein, trink ...“ aber nicht. Davor hieß es endgültig „ab ins Bett“!*

Hausmusik erklang in den Nachkriegsjahren in vielen Familien, wobei die an den Schifferklavieren (in manchen Gegenden „Zerrwanst“ genannt) am beliebtesten war. Kinder sollten möglichst auch ein Instrument lernen, oft unter Vaters Anleitung. Und wenn nichts Eigenes produziert werden konnte, leierte am Wochenende ein Grammophon die alten Schlager und Schnulzen.

Nun geht schon in die Küche!

Auch im Sommer zum Kochen heizen

Bomben und Geschosse hatten auch in den ostdeutschen Städten Wohngebiete in eine **Ruinenwüste** verwandelt. „Wo finden wir ein Dach über dem Kopf?“, fragten nicht nur die **„Umsiedler“**. Viele Familien lebten mit mehreren Kindern in einem einzigen Raum. Aber auch die, die mehr als ein Zimmer besaßen, verbrachten ihre meiste Zeit – in der **Küche.**
Deren wichtigstes Möbelstück war der **Herd**, der meist auch im Sommer zum Kochen angeheizt werden musste. Auf seiner heißen Platte und der Backröhre wurde nicht nur traditionell gekocht und gebacken. Hier probierten die Mütter Nachkriegsrezepte aus.

Kuchen aus Malzkaffeesatz

Anita Z. erinnert sich an einen Spezialkuchen:
Der bestand hauptsächlich aus Kaffeesatz. Unsere Mutter bereitete ihn manchmal sonntags, und wir haben ihn als etwas Besonderes genossen. Viel später, vielleicht 1970, habe ich selber einen nach dem Rezept meiner Mutter gebacken und bei einer kleinen Feier angeboten. Alle Gäste probierten ihn höflich, aber niemand brachte es fertig, ein zweites Mal zuzugreifen.

Baden in der Zinkwanne

Auch andere Geheimrezepte wurden ausprobiert. **Salate aus wilden Pflanzen, Suppe aus Kohlrüben, geröstete Brotschnitten nur mit Salz bestreut ...**

Freitags oder samstags war Badetag in den Familien.

Aber in der Küche wurde beileibe nicht nur gekocht oder gebacken. An manchen Abenden stand das Bügelbrett mitten im Raum, für den Vater gab es eine Ecke zum Pfeiferauchen und Zeitunglesen, für die Oma einen Stuhl, auf dem sie zerrissene Strümpfe, Hosen, Blusen und was sonst noch Löcher oder Risse bekommen hatte, wieder stopfte oder zusammen flickte. Und die kleinen Kinder spielten buchstäblich unter Tischen und Bänken. Auch wenn ihre Freunde aus der Nachbarschaft klingelten, weil das Wetter draußen zu schlecht zum Spielen war, gab sich die Hausfrau meist seufzend geschlagen: **„Nun geht schon in die Küche."** Sie versuchte dort, trotz Autos oder Puppen auf dem Fußboden, ihre Arbeit zu tun.

„Jetzt mal Ruhe", ordnete der Vater nur an, wenn er die Nachrichten oder **Fußballergebnisse** im Radio hören wollte und gnadenlos raus mussten alle Unbeteiligten, sobald die **Wanne zum Baden** der Kinder hereingeholt wurde. Meist am Freitag übrigens, und eins nach dem anderen im selben Wasser, heiß gemacht auf dem Herd, von dort mit einem großen Topf geschöpft und in die Wanne gegossen.

Die Küche war das Sammel- und Kommunikationszentrum vieler Familien.

Nun geht schon in die Küche. „Gemütlich" erscheint das wohl nur in der Erinnerung.

Große Fahrt und kleiner Ausflug

„Anhalterbahnhöfe" am Ausgang der Städte

Die sowjetische Besatzungsmacht erlaubte Eisenbahnfahrten in ihrer Besatzungszone. Aber Fahrkarten kaufen, einsteigen und losfahren, das funktionierte nicht so einfach. Erstens fuhren wenige Züge und zweitens wurde das Geld an anderen Stellen dringender gebraucht. Aber Autos rollten wieder über die Straßen und am Ausgang der Städte entstanden „**Anhalterbahnhöfe**" ohne Schienen und Bahnsteige.

Hans W. fuhr mit:
Ich war sieben Jahre alt und meine Mutter nahm mich mit auf die Reise zu den Großeltern. Sie wohnten in einem Dorf 60 km entfernt von uns. Am „Anhalter Bahnhof" warteten mehrere Männer auf eine Mitfahrgelegenheit. Sie ließen uns, als ein LKW anhielt, den Vortritt. Ich hatte ein bisschen Angst, zu den beiden fremden Männern ins Auto zu steigen. Mutter nicht. Das hat sie mir später oft erzählt. Nein, keine Angst vor fremden Männern. Einmal ist sie sogar in ein sowjetisches Auto gestiegen. Darüber hat mein Vater mächtig geschimpft und sie musste versprechen, das nie wieder zu tun. Er hatte wohl Grund genug, so böse zu werden. Ich hab's damals nicht verstanden und niemand hat mich aufgeklärt.

Also, große Reisen fanden höchstens zu Verwandten statt, aber Ausflüge in die nähere Umgebung gehörten in den meisten Familien zum Sonntagsprogramm – sonnabends wurde noch gearbeitet.

Wandertage und keine Angst vor Kidnapping

Auf die Wandertage in der Schule freuten sich die Kinder schon tagelang vorher. Auch die Lehrer. Die meisten waren entweder schon im Dienst ergraut oder blutjung. Letztere hießen **Neulehrer** und mussten sich auch auf die Wandertage vorbereiten. Die Kinder lernten früh, was in der Heimat wuchs, blühte und zwitscherte.
Nach einigen Wochen liefen die meisten Erstklässler morgens allein in die Schule.

Familienausflug mit der Bahn

Familienausflüge begannen fast immer an Endstationen von S-Bahn, Bus oder Straßenbahn. Mädchen durften, wenn vorhanden, den **Puppenwagen** mitnehmen, die Jungen einen Ball. Die Mütter packten Verpflegung ein. Picknick auf einer Wiese war billiger als essen und trinken in einer Gastwirtschaft.
„Bäumchen, Bäumchen wechsle dich" spielten auch die Eltern mit, ebenso **„Fangen" oder „Verstecken"**.

Bevor die Kinder in die Schule kamen, gingen sie in den Kindergarten: Jungen auf dem Dreirad, Mädchen mit Puppenwagen – klassisches Rollenverständnis inbegriffen. Zum Sonntagsausflug durften die Kleinen manchmal ihre Spielgeräte mitnehmen.

Gemeinsam wandern in die nähere Umgebung.

Müll und Abfall blieben selten zurück, weil ja die Brotschnitten in den mitgebrachten Dosen waren, die wieder mit nach Hause genommen wurden. Ebenso Flaschen, Krüge und sogar Papiertüten nahm man mit nach Hause zwecks Wiederverwendung.

Osten oder Westen?

Geldscheine mit Kupons beklebt

Mit der gemeinsamen Freude aller Siegermächte war es nach 1945 bald vorbei. Unaufhaltsam und immer heftiger folgte dem „heißen" der **„kalte" Krieg**.

Am 18.06.1948 ordneten die drei Westmächte die Einführung der Deutschen Mark in ihren Zonen an, der Befehl Nr. 111 der Sowjetunion über die neue Währung in ihrem Einflussgebiet folgte prompt am 24.06.1948. Im Westen erhielt jeder Einwohner 40 nagelneue DM-Scheine ausgezahlt, der Osten half sich zunächst mit aufgeklebten Kupons.

Alte Geldscheine beklebt mit Kupons.

Am 1. September 1948 wurde ein Parlamentarischer Rat für die drei Westzonen aus der Taufe gehoben und am 7. September 1949 folgte die Konstituierung des ersten Bundestages und damit die Gründung der Bundesrepublik Deutschland.
Am 7. Oktober eröffnete **Wilhelm Pieck** die konstituierende Sitzung der Provisorischen Volkskammer der Deutschen Demokratischen Republik.
Aus Besatzungszonen waren zwei Staaten entstanden.

Gründungstag der DDR: Feierlichkeiten in Halle (Saale). So sah es an dem Tag überall in der DDR aus: Tausende waren auf den Beinen.

Die Worte **„Osten“** und **„Westen“** erhielten damit zunehmend eine von den Himmelsrichtungen unabhängige Bedeutung, die auch den Kindern nicht verborgen blieb.

Im Westen beendete das neue Geld die leeren Schaufenster, während auf der anderen Seite Mangel ständiger Begleiter der Menschen blieb. In Berlin konnte sich bis 1961 mühelos jeder von diesen Unterschieden selbst überzeugen und seine Entscheidung für das eine oder andere Deutschland treffen.

Bei Nacht und Nebel

Aus vertrauter Heimat in den Westen

Die Bundesrepublik nannten viele DDR-Bürger bereits in den 50er Jahren **„goldener Westen"**.

Auch Kinder und Jugendliche im Osten wussten deshalb, dass nicht nur Hunde „abhauten" und Diebe „geschnappt" wurden.

Die in der DDR juristisch offizielle Bezeichnung „**Republikflucht**" nahmen die Menschen selten in den Mund und was „darauf stand", wurde niemals veröffentlicht.

EIN VERRÄTER

Auch solche Artikel halfen nicht. Immer mehr Leute wollten in den Westen.

Er hätte alle Veranlassung gehabt, unserem Arbeiter-und-Bauern-Staat dankbar zu sein. Unser Staat gab Rolf Petri die Möglichkeit, Chemieingenieur zu werden. Er gab ihm eine sichere Existenz als Leiter des Labors im VEB Waggonbau Ammendorf.

Aber für Petri war das Geld das Maß aller Dinge. Sein Monatseinkommen von 955 DM war ihm nicht genug. Alles, aber auch alles hat er in seiner hemmungslosen Geldgier ausgenutzt, um sich auf Kosten der Arbeiter zu bereichern.

Er machte „Verbesserungsvorschläge", für die er Prämien einstrich. Als Experten diese „Vorschläge" überprüften, stellte sich heraus, daß sie voll und ganz auf Betrug beruhten. „Ich hatte damit gerechnet, daß das keiner überprüfen kann", sagte Petri kaltschnäuzig. Petri wollte z. B. aus 2 l Jodlösung 8 kg Jod „rückgewinnen".

Als man Rechnungen überprüfte, die Petri an seinen Betrieb gerichtet hatte, stellte sich heraus, daß er bei einem Handwerksmeister ein Gerät, das im Betrieb für Versuchszwecke gebraucht wurde, für einen Schleuderpreis aufgekauft und dem VEB Waggonbau zum zwölffachen Preis in Rechnung gestellt hatte.

Ohne dazu befugt zu sein, unterrichtete er Kollegen aus einem anderen Betrieb in der Handhabung eines Prüfgerätes, und forderte dafür von diesem Betrieb gepfefferte „Honorare".

Petri hat sich selbst einmal eingeschätzt. „Ich habe einen moralischen Tiefstand erreicht", sagte er. Er meinte das nicht ironisch.

Bei aller Skrupellosigkeit war dieser zugleich eiskalt rechnende Spekulant der mit seinen Betrügereien die Berufsehre des Ingenieurs in den Dreck getreten hat zu feige, für seine Handlungsweise geradezustehen. Als man ihm auf die Schliche gekommen war, wurde ihm der Boden in unserer Republik zu heiß. Bei Nacht und Nebel verschwand Petri illegal nach Westdeutschland und ließ seine Frau und ein uneheliches Kind im Stich.

So sehen sie aus, die Verräter an unserer Republik – haltlose asoziale Elemente, gewissenlose Geschäftemacher und Betrüger.

Grund, die vertraute Heimat zu verlassen, war für viele nicht nur die Anziehungskraft westlicher Warenangebote. Großbauern verloren ihre Existenz (als Großbauern!). Künstler verunglimpfte die Partei als „dekadent", Andersdenkende servierte sie ab und drohte mit Freiheitsentzug. Nicht wenige aber lud der Westen, weil sie dort gut zu gebrauchen waren, freundlich ein. Die „**grüne Grenze**" wurde immer stachliger. Pässe nach „**drüben**" waren schwerer zu haben. In Berlin musste man sich nur in die S-Bahn setzen oder eine Straße immer weiter gehen. Wer das beabsichtigte, bereitete seine Flucht so unauffällig wie möglich vor, meldete sich zu Hause nirgendwo ab und verschwand bei **„Nacht und Nebel"**.

Martin B. hat es erlebt:
Mein bester Freund in der 7. Klasse hieß Georg. Wir trafen uns täglich in der Schule sowieso, aber auch danach. Wir planten immer einer für den anderen mit. Das reichte bis weit in die Zukunft. Gemeinsam studieren und so weiter. Eines Abends, ungewöhnlich spät, brachte er mir sein Radio. Er wusste natürlich, dass ich kein eigenes besaß und sehr gern eins gehabt hätte. Er gab es mir ungefähr mit den Worten: ***„Du kannst es mal eine Woche haben."***
Ich dachte mir nichts weiter dabei. Freunde teilen eben alles. Aber meine Eltern regten sich furchtbar auf. Sie ahnten wohl den wahren Grund für die „Leihgabe".
Mutter wollte, dass ich es sofort zurückbringe, aber Vater war strikt dagegen.
„Wenn sie geschnappt werden, sagen wir einfach wie es war"*, meinte er.*
Sie wurden nicht geschnappt. Georg hat mir aus Westberlin geschrieben. In dem Brief stand, wie sehr er sich über die Freiheit freue. Ich glaube, dass ich ihm nicht geantwortet habe.

Die Heranwachsenden erlebten auch am eigenen Leibe die Folgen der Fluchtbewegung. So zum Bespiel Gesine K.:
Ich ging 1954 in die neunte Klasse der Oberschule. Mein Lieblingsfach war Zeichnen. Ich träumte davon, einmal eine berühmte Malerin zu werden. Unser Zeichenlehrer hatte nie in unserer Gegenwart kritische Worte über die DDR geäußert und im Gegensatz zu den meisten anderen Lehrern nicht mal darüber geschimpft, dass dies oder das nicht zu beschaffen war.
Wir zeichneten und malten bei ihm sogar „fortschrittliche" Bilder vom sozialistischen Aufbau und so. Eines Morgens betrat der Direktor mit ernstem Gesicht den Zeichensaal und sagte: ***„Herr W. hat unser Vaterland verlassen und seine Dienste den Revanchisten und Kriegstreibern im Westen angeboten. Zeichnen fällt bis auf weiteres aus."***

Revanchisten und Kriegstreiber! Dazu Imperialisten, Monopolisten ...
Zur Abschreckung potentieller Flüchtlinge malte die DDR Propaganda gegen den „**goldenen**" einen „**tiefschwarzen**" Westen.

Staat gegen „Abhauer"

Nicht nur propagandistisch machte der Staat gegen die „**Abhauer**“ Front. Sämtliche Züge nach Berlin stoppten vor der Hauptstadt und die Fahrgäste mussten sich eine gründliche polizeiliche Untersuchung gefallen lassen. Besonders die jungen Leute. Natürlich war es nicht verboten, nach Berlin zu reisen, auch noch nicht der Besuch westlicher Stadtteile. Aber sehr schlechte Karten besaß man, wenn ein Kontrolleur solche Fragen stellte: „Was haben wir denn da? Wozu benötigen Sie so viel Geld und diese Dokumente in Berlin? Hoffen Sie vielleicht nach Vorzeigen des Abiturzeugnisses auf ein kostenloses Mittagessen oder freien Eintritt im Museum? **Kommen Sie mal mit!**“
Mal mit, das bedeutete oft „geschnappt“ und wie man es damals vorzugsweise ausdrückte, anschließend „gesiebte Luft“ (Knast).

„Frontstadt“ Berlin

Staatssicherheit trank nicht nur Kaffee

In der ehemaligen Reichshauptstadt „arbeiteten“ nach 1945 etwa 80 ausländische **Geheim- und Nachrichtendienste**, selbst der Chinesengeneral Tschiang Kai-Schek und die Großherzogin Charlotte aus Luxemburg hatten **Späher** geschickt. Neben diesen mehr oder weniger offiziellen Stellen mischten zahlreiche andere Organisationen mit, erwähnt sei zum Beispiel das „Ostbüro der SPD“, das Spionage und Sabotage im Osten organisierte. Auf der anderen Seite waren die Leute vom sowjetischen KGB in Kompaniestärke aktiv, und die Genossen der **Staatssicherheit** tranken natürlich auch nicht nur Kaffee. Insofern traf der Begriff „Frontstadt“ schon zu.

„Lokale", wo es weder Bier noch Schnaps gab

Die Heranwachsenden im Osten aber wurden von Lehrern, Jugendfunktionären und Zeitungen so oft und so lange agitiert, bis viele überhaupt nichts mehr glaubten, **„Holzhammermethoden“** ablehnten und über „Sabogenten“ spotteten. (Agitation und Propaganda, abgekürzt „Agitprop“, gehörten zur meist ungenießbaren Alltagskost. So existierten überall in Städten und Dörfern „**Lokale**“, wo nur politisch „aufgeklärt“ wurde.)
Berlins Anziehungskraft für die ostdeutsche Jugend hatte allerdings nichts mit den Geheimdiensten dort zu tun.

Hans W. weiß noch, wie es damals war:
Wir drei Freunde sparten mehrmals unser Taschengeld für die Bahnfahrt nach Berlin. Wir waren damals 17 bzw. 18 Jahre alt. Wir wollten in Berlin et-

was erleben, ohne genau zu wissen was. Einfach so am Potsdamer Platz über die Grenze gehen, oder in der S-Bahn die Durchsage: ***„Sie verlassen den demokratischen Sektor von Berlin“*** *hören. Das waren schon unbeschreibliche Gefühle. Wir sahen natürlich manchmal, was den Augen der Ostkontrolleure entging, was „rübergeschmuggelt“ wurde, von* ***Zeissferngläsern*** *bis* ***Meißner Porzellan*** *und wir tauschten in den Wechselstuben unsere Ostmoneten gegen harte D-Mark.*
Ein Ziel waren immer die Kinos in Westberlin.

In den Westberliner Kinos konnte man die neuesten amerikanischen Filme sehen.

Nach dem Kino rauchten wir noch eine „Marlboro“ oder „Ernte 23“ – einer von uns hatte immer West-Mark für Zigaretten geopfert – spazierten stolz über den Kudamm und sprachen dabei manchmal ein paar ***Mädels*** an. ***So richtig „lief“ aber nie was mit denen****. Wir waren zwar noch keine „Ossis“, aber irgendwie schon wenig attraktiv für die. Den Rest der Nacht verbrachten wir in der Wartehalle im Ostbahnhof und erzählten zu Hause sonst was.*

„Große Freiheit" im Osten

Kino im Saal der Gastwirtschaft

Auch in der DDR spielten in den fünfziger Jahren unzählige Kinos. Kinder und Jugendliche zählten zu den regelmäßigen Besuchern. In die Dörfer tuckerte meist einmal wöchentlich der „**Landfilm**", der alles, was zum Kino gehörte, dabeihatte und beispielweise im **Saal einer Gastwirtschaft** aufgebaut wurde.
Vorgeführt wurden keineswegs nur sowjetische Heldenfilme! Der VEB Progress Filmvertrieb" erwarb die Streifen, nummerierte und verteilte sie und druckte die Programme.
1956 begann die DEFA mit dem „**Tapferen Schneiderlein**" ihre erfolgreiche Reihe der Märchenfilme und nicht zuletzt dadurch wurden auch DDR Schauspieler bekannt und berühmt (**Christel Bodenstein**, **Horst Drinda**, **Wolf Kaiser** und viele andere). Bereits 1946 hatte **Wolfgang Staudte** für „**Die Mörder sind unter uns**" das Buch geschrieben und Regie geführt, und **Hildegard Knef** als Hauptdarstellerin gewonnen.

Maria.W. sammelte Filmprogramme und Bilder von Schauspielern:
Richtigen Sex gab es im Kino nicht zu sehen. Höchstens mal eine nackte Frau von hinten in „***Sie tanzten nur einen Sommer***" *mit* ***Ulla Jacobson*** *oder heiße Küsse im französischen Film „Jugendsünde"(1959) oder im französisch-italienischen Streifen* ***„Giovanna"*** *(1958).*
Erwin Geschonek *kam nach* „***Der Lotterieschwede***" *(1958) in meine Sammlung. Von* ***Michael Scholochows*** *Film* „***Der stille Don***" *(1958) ließen wir uns keinen der drei Teile entgehen und* „***Der brave Soldat Schwejk***" *(1958) aus der damaligen Tschechoslowakei begeisterte uns so, dass Typen wie Schwejk sprichwörtlich wurden.* ***Makarenkos Bücher*** „***Der Weg ins Leben***" *und* „***Flaggen auf den Türmen***" *(1959) hatten wir mehr oder weniger gelesen und schauten uns auch die Filme an.*
„***Die abenteuerliche Reise der Vier von Moana***"(1959) *weckte unser Fernweh.* „***Der schweigende Stern***" (1960) von ***Stanislaw Lem*** *war unsere erste Begegnung mit Sienceficton, was wir damals Zukunftsfilme nannten. Der französische Schauspieler* ***Gérard Philippe*** *hatte die Herzen der Jugend mit seinem* „***Fanfan der Husar***" *gewonnen. 1960 spielten die Kinos in der DDR die* ***Dostojewskiverfilmung*** „***Der Spieler***" *zusammen mit einem weiteren Publikumsliebling:* ***Liselotte Pulver***.

Ebenfalls 1960 begeisterten wir uns für ***Walter Giller*** *in* „***Rosen für den Staatsanwalt***"*. Die Idee für diesen Film stammte auch von* ***Wolfgang Staudte****, der inzwischen die DDR verlassen hatte. Die* „***Große Freiheit Nr. 7***" *erreichte 1960 die DDR-Kinos. Den Film fanden hauptsächlich unsere Eltern und Großeltern toll.*

Diese Filme wurden im Osten wie auch im Westen gezeigt.

Kino war für die jungen Leute oft mehr als nur Film. Was sie gesehen hatten, blieb oft lange Gesprächsstoff und im Gedächtnis, beeinflusste so oder so Gefühle und Entscheidungen der Heranwachsenden.

Mit 16 schon Jungfacharbeiter

Lehrjahre und „Herrenjahre"

Nach erfolgreichem Abschluss der 8. Klasse, also in der Regel im Alter von 14 Jahren, begannen für die meisten Jugendlichen im Osten die Lehrjahre, die nach Meinung der Erwachsenen keine „**Herrenjahre**" sein durften. Praktische Tätigkeiten im Betrieb wechselten mit Berufsschulbesuch. Staatlich versprochen, verordnet und realisiert erhielt jeder Schulabgänger einen Ausbildungsplatz, wenn auch nicht immer im Wunschberuf. **Die Volkseigenen Betriebe** richteten **Lehrwerkstätten** ein und die Ausbilder hießen Lehrmeister. Den „**Privatkrautern**" wurde streng auf die Finger gesehen, ob sie nicht etwa ihre Lehrlinge – „Auszubildende" gab's in der DDR nie – hauptsächlich zum **Werkstattfegen** und **Kaffeekochen** einsetzten. Die Lehrzeit dauerte je nach Beruf zwei bis drei Jahre, gezahlt wurden 50 bis 80 Mark im Monat.

Obst- und Gemüsepreise

Warenart	Klasse	Erzeugerfestpreis ab 11. 8. 58	Verbraucherhöchstpreis ab 13. 8. 1958
Weißkohl	A	0.16 DM	0,30 DM je kg DDR-Preis
Wirsingkohl	A	0.16 DM	0,30 DM je kg DDR-Preis
Salatgurken	A	0.40 DM	0,70 DM je kg DDR-Preis
Gemüsebohnen	A I	0,50 DM	0,84 DM je kg DDR-Preis
	A II	0,40 DM	0,68 DM je kg DDR-Preis
Aepfel	I A	0,80 DM	1,30 DM je kg DDR-Preis
	II A	0,60 DM	1.00 DM je kg DDR-Preis
	III A	0,46 DM	0,78 DM je kg DDR-Preis
	IV A	0,28 DM	0,50 DM je kg DDR-Preis
	I B	0,40 DM	0,70 DM je kg DDR-Preis
	II B	0,30 DM	0,54 DM je kg DDR-Preis
	III B	0,20 DM	0,38 DM je kg DDR-Preis
	IV B	0,12 DM	0,24 DM je kg DDR-Preis
Falläpfel		0,08 DM	0,19 DM je kg DDR-Preis
Pflaumen	I A	0,60 DM	1,00 DM je kg DDR-Preis
	II A	0,45 DM	0,76 DM je kg DDR-Preis
	III A	0,30 DM	0,54 DM je kg DDR-Preis
	I B	0,32 DM	0,56 DM je kg DDR-Preis
	II B	0,28 DM	0,50 DM je kg DDR-Preis
	III B	0,16 DM	0,30 DM je kg DDD-Preis
Spillinge, Haberschlehen Kriechenpflaumen		0,10 DM	0,22 DM je kg DDR-Preis

Für alle nicht genannten Klassen und Kulturen bleibt es bei der bisherigen Preisfestsetzung.

Preise 1958 in DM.

Großen Wert legten die Ausbilder auf eine solide Grundausbildung, so war zum Beispiel in den Metallberufen „**Feilen bis zum Umfallen**" angesagt. Nach Abschluss der Lehre hießen die ehemaligen Lehrlinge Facharbeiter, im Produktionsprozess anschließend Jungfacharbeiter.

Dieter A. erinnert sich:
Ich ging 1956 gleich nach der Lehre als Elektromonteur mehr oder weniger freiwillig auf Montage.
Wir elektrifizierten zum Beispiel Anlagen und Maschinen im ***Tagebau Harbke****. Die alten Hasen behandelten mich, ich will mal sagen, fast gleichberechtigt. Die Normen mussten jedenfalls gemeinsam geschafft werden – fertig. Es herrschte alles in allem eine sehr kollektive Atmosphäre, schon deshalb, weil niemand Angst davor hatte, entlassen zu werden.*
Die Löhne und Gehälter waren allgemein bekannt. Verantwortung, beispielsweise der Meister, wurde schlecht bezahlt. Ich erinnere mich, dass sie manchmal weniger verdienten als wir.
Politisch erreichte man bei uns nicht viel. Der Parteisekretär bettelte regelrecht, zur Maidemonstration zu kommen. Da kriegten wir kostenlos eine Bockwurst und ein Bier.

Als Elektromonteur unterwegs: hier beim Harbke-Tagebau.

So lange du die Beine unter unseren Tisch stellst ...

Von langen Haaren, Nietenhosen und echten Levis-Schildern

Die meisten Eltern versuchten es mit ihren 14- bis 16-Jährigen so, wie sie es einst von ihren Erziehungsberechtigten erlebt hatten. Allerdings mit

einer Ausnahme: **Prügeln war nun in den meisten Familien verpönt**. Mutter rutschte lediglich, wie sie es ausdrückte, manchmal „die Hand aus“ und landete als eine Ohrfeige.
„So lange du die Beine unter unseren Tisch stellst, hast du zu tun, was ich sage! Punkt aus. Kein Widerspruch!“, hörten vor allem Jugendliche mehrmals pro Woche!
Solche Sätze und Anweisungen zeugten in der Regel nicht von fehlender Liebe, sondern folgten Prinzipien der Eltern. **Prinzipien zu hinterfragen aber war verlorene Liebesmühe**.

Sie begannen bei der äußeren Erscheinung ihrer Töchter und Söhne und da, sozusagen logischer Weise ganz oben – bei den Haaren.
Bertolt Brecht wurde nicht nur in der Schule behandelt, sondern die Kopie seines Haarschnittes, insbesondere bei Oberschülern, zum willkommenen Ausdruck von **Selbständigkeit** und **Protest**.

Die Haare kurz und nach vorn – „Brecht-Schnitt“.

Alfred W. ließ sich auch die Haare schneiden:
In unserer Stadt beherrschte nur ein Friseur die Kunst des Brecht-Schnittes. Der Andrang bei ihm war entsprechend groß. Ich habe lange gezögert, mich in die Warteschlange einzureihen. Mein Vater hatte dafür mit ernsthaften Konsequenzen gedroht. Die folgten dann auch: Er setzte sich zum Essen nicht mehr mit mir an einen Tisch. Das ging aber nicht lange so. Er suchte bald selber einen Grund, diese Blockade aufzuheben. Und fand ihn – in Gedichten. Eines Tages sagte er: „Ich hab mich mal mit Brechts Versen intensiv beschäftigt. Sie gefallen mir.“ Er zeigte auf meine Haare. „Also lassen wir das.“

Die Kleidung provozierte weitere Auseinandersetzungen. Was als modern galt, bestimmte der „Westen“, es kam in Paketen von Verwandten und Bekannten an oder wurde irgendwo besorgt oder kopiert. Ostdeutsche Modeschöpfer bemühten sich redlich, den Anschluss nicht zu verlieren. Aber ihre

Niethosen verboten!

T-Shirts mussten „**Pullis**" heißen und die Jeans „**Nietenhosen**". (Der Kampf gegen die „englischen Ausdrücke" verebbte erst gegen Ende der DDR.) Wie immer sie hießen, die **Originale** blieben Favoriten, auch wenn auf der Hose manchmal nur das Lederschild „Levi's" echt war.

Konflikte zwischen Jung und Alt

Natürlich fügt sich keine junge Generation widerspruchslos den Anweisungen der Alten. Protest und Streit sind immer angesagt. Manches dabei wiederholt sich unabhängig von Zeit und Region, zum Beispiel die nervende, höchstens widerwillig befolgte Anweisung: „**Räum endlich dein Zimmer auf!**"

Andere Konflikte waren zeitgemäß, wie Hans W. berichtet:
Unsere Eltern nannten es ***per Anhalter*** *reisen, wir sprachen von* ***trampen****. Trampen, das war eine Massenbewegung für uns Jugendliche. Wohin? Wir wussten es selbst vorher oft nicht so genau. Die Autos ließen sich ja nicht von uns ihr Ziel vorschreiben. Genau da hörte das Verständnis der Erwachsenen auf. Man muss das doch rechtzeitig planen und organisieren, meinten sie.* ***Ihr seid doch keine Zigeuner!*** *Angst um uns hatten die Eltern sicher auch. Natürlich versprachen wir, uns so oft wie möglich zu melden, und haben, wenn uns das Versprechen einfiel, auch eine Postkarte geschrieben.*

Allerdings endete nicht jede **Tramptour** erwartungsgemäß.
Der Schriftsteller Holger L. hat das zweimal erlebt:
In Michendorf stieg er in einen **Westwagen**. Kurze Zeit später wurde das Auto von der Volkspolizei gestoppt und Holger L. in Handschellen abgeführt. In Beelitz musste er Fragen beantworten.
Seit wann ich mit Herrn Zachiakowski aus Berlin-West in Verbindung stünde? Worüber wir uns unterhalten hätten?
Schließlich ließ man ihn gehen.
Ich wurde aber sehr hämisch verabschiedet. „Zur Autobahn können Sie gehen,

die drei Kilometer, das ja, aber da oben stehen wir. Da kommen Sie nicht weg."
Holger L. übernachtete auf einer Bank im Bahnhof Beelitz.

Schikanen der Staatsgewalt

Und über eine zweite Reise berichtet er so:
*Die kürzeste Tramptour, an die ich mich erinnere: Mit einem Kumpel trat ich in der August-Bebel-Straße aus dem Torbogen, beide waren wir reisefertig und allein durch **lange Haare** und **Rucksäcke** den Gesetzeshütern verdächtig. **„Fahndungskontrolle! – Bürger, weisen Sie sich bitte aus!"**, begrüßten uns die Volkspolizisten. „Was haben wir denn da im Rucksack? – Mal öffnen! Wo soll es denn hingehen? Wo befindet sich Ihre Arbeitsstelle?"*
Da war die Reise gleich an der Haustür vorbei, denn wir bekamen die Auflage, uns am nächsten Tag auf dem zuständigen Revier zu melden. Es lag nichts vor, niemand hatte etwas Böses getan, noch nicht einmal ein Gesetz der DDR übertreten.

Lange Haare und Bart bei jungen Leuten reizte die Volkspolizisten mitunter zur Personalkontrolle.

Von den Eltern kaum Auskunft über Nazizeit

Meinungsverschiedenheiten bis hin zu heftigem Streit entfachten sich damals auch über politische Fragen.
Die Heranwachsenden erfuhren immer mehr über die **Verbrechen der NS-Zeit** und wollten wissen, wie sich ihre Eltern und Großeltern unter Hitler verhalten hatten. Die zeigten sich da oft wenig auskunftsbereit, auch wenn sie persönlich nichts zu verbergen hatten.
Bruno K. stellte ihnen als 14-Jähriger eine Frage: *Nur ein paar Minuten von unserer Wohnung entfernt, steht ein Haus, in dem die Juden der Stadt zusammengepfercht wurden, bevor sie die Reise in die KZs antreten mussten. Meine Eltern sprachen vom „**Judentempel**". Von dem, was sich da drinnen abspielte, wussten sie angeblich überhaupt nichts.*
Aber antifaschistisch erzogen und gebildet waren wir trotzdem. Wer daran

*zweifelt, lügt. Wir wussten zum Beispiel von den sechs Millionen ermordeten Juden nicht nur von unseren Lehrern. Ich erinnere mich an entsprechende Filme wie „**Ehe im Schatten**", „**Affäre Blum**", „**Professor Mamlock**" und Bücher wie „**Nackt unter Wölfen**" ...*

Angst vorm Elternbesuch

Die „Partei", gemeint war damit schon frühzeitig immer nur die SED, verkündete in den Fünfzigern noch kein „einheitliches sozialistisches Bildungssystem".
Die DDR verstand sich ja hauptsächlich als „antifaschistisch" und „demokratisch".
Aber einheitlich galt damals schon von der Ostsee bis zum Thüringer Wald: Die erste bis achte Klasse besuchten ausnahmslos alle Kinder (Sonderschulen für Behinderte besaßen eigene Regeln), vorsichtige Versuche einer Differenzierung innerhalb dieser Altersgruppe wurden kategorisch abgelehnt und manchmal auch abgestraft. Staat und Schule versuchten mit allen Mitteln, und nicht selten erfolgreich, Leistungsunterschiede der Schüler auszugleichen. Dahinter stand die bekanntlich auch nicht falsche Meinung, dass manches Versagen auf das häusliche Milieu zurückzuführen war.
Also stellten die Lehrer **Lernbrigaden** zusammen.
Gute Schüler halfen nach dem Unterricht Schwächeren, was auch der Kollektivbildung (heute Teamgeist) zugutekam. Lehrer setzten Nachhilfestunden an und – pflegten nicht zuletzt engen Kontakt zu den Eltern, die mindestens ein- bis zweimal pro Jahr besucht werden mussten.

Klaus W. erinnert sich:
Wenn sich eine Lehrerin oder ein Lehrer zum Elternbesuch angemeldet hatte, herrschte in unserer Familie reichlich Hektik. Ich hatte natürlich Angst, dass dabei irgendwas Negatives über mich rauskam. Meine Mutter wollte einen ordentlich geführten Haushalt vorführen und Vater beweisen, dass er sich intensiv um meine schulischen Sachen kümmerte.

Arbeiter- und Bauernkinder wurden bevorzugt

Mehr und mehr wurden Betriebe in den Erziehungsprozess einbezogen. Die ersten so genannten Patenschaften entstanden bereits in den fünfziger Jahren. Schüler und Werktätige besuchten sich gegenseitig und lernten voneinander. Die Alten ein bisschen Jugendsprache und Verständnis für den Nachwuchs, die Schüler blickten oft zum ersten Mal hinter die Tore einer Fabrik und hörten von ihren erwachsenen Vorbildern neben Nützlichem und Erbaulichem auch den damals nicht unüblichen Spruch: „**Die Haare wachsen während der Arbeit, also können wir auch während der Arbeit zum Friseur gehen.“**

Auch auf Schulheften versuchte der Staat für seine Ideologie zu werben. 1952 war der Preis für solch ein Schulheft 10 Pfennig.

Nach Abschluss der achten Klasse erfolgte die Delegierung zur Oberschule. Oder auch nicht. (Delegation und delegieren gehörten zu den bei allen möglichen Anlässen verwendeten Wörtern in der DDR). Nur die Besten sollten „weitergehen“. Die Lehrer berieten und schlugen vor. Eltern mit Einzelvertrag (Privileg für die Intelligenz) durften allein entscheiden. **Arbeiter- und Bauernkinder wurden bevorzugt**. Die Behauptung allerdings, dass beispielsweise Pastorentöchter und -söhne prinzipiell nicht zur Oberschule durften, ist eine Legende.

Auch ohne Studium „was werden“

Die Zensurenskala reichte von eins bis fünf. Proteste gegen gegebene Noten waren selten, Gerichtsverfahren aus diesem Grunde gab es in der DDR wohl überhaupt keine. Wer mit schlechten Noten heimkam, konnte natürlich „etwas erleben“. Aber was Passendes fiel den meisten Eltern am Ende doch nicht ein. „Nottelefone“ existierten nicht, wären wohl auch nur selten notwendig

gewesen. Vielleicht, weil ein Mädchen oder Junge auch ohne Studium etwas werden und obendrein schneller ebenso viel Geld verdienen konnte wie ein Hochschulabsolvent.
Wer das Abitur mit der Note „gut“ bestanden hatte, war meist zufrieden und konnte auf einen Studienplatz hoffen, für den aber eine Bewerbung notwendig war, die auch abgelehnt werden konnte. Einfach „einschreiben“ wie heute bei den freien Studiengängen reichte nicht. Die Inflation der guten Zensuren (über ein Drittel eines Jahrgangs „sehr gut“ oder „ausgezeichnet“) setzte erst viel später ein.

Schülerinnen 1960: Schick angezogen präsentieren sich hier die Mädchen.

Ihren Personalausweis bitte!

Keine „dummen Bemerkungen“, sonst ...

Nach ihrem 14. Geburtstag durften ihn die Jungen und Mädchen endlich beim Volkspolizeikreisamt abholen – den **Personalausweis**, und vielleicht sagte Vater zu Hause, mit leiser Wehmut in der Stimme: „**Nun bist du erwachsen**.“
Seine Prinzipien änderten sich allerdings danach meist nicht so schnell.
Den Ausweis hatten die jungen Leute von nun an immer bei sich zu tragen und ihn der Polizei auf Verlangen vorzuzeigen. Letztere machte von diesem Recht reichlich Gebrauch. Anzumerken ist, dass bis zum Ende der Deutschen Demokratischen Republik viel mehr **Bordkantenlatscher** (Streifenpolizisten) herumliefen als heute.
„Guten Abend! ... Wachtmeister Müller, ... Ihren Personalausweis bitte!“
Gut beraten war, wer das Dokument nicht zu Hause vergessen hatte, es bereitwillig aus der Tasche zog und keine dummen Bemerkungen machte. „Bullen“ hießen die Polizisten in den fünfziger Jahren im Osten sowieso noch nicht. Offiziell waren sie „**Freunde und Helfer**“. Was die Jugendlichen aber natür-

lich nicht merkten, wenn sie beispielsweise wegen **nicht vorzeigbarem Personalausweis** mit aufs Revier mussten. Die Feststellung der Personalien dort konnte dauern und den ganzen Abend verderben.

Volkspolizei: Zackig sehen sie aus, die jungen Männer in Uniform.

So mussten Peter N. und seine Freunde sofort fünf Mark zahlen:
Wir hatten zu viel Bier intus, in der Kneipe vergessen, noch einmal zur Toilette zu gehen und stellten uns in eine dunkle Ecke. Prompt überraschte uns ein Polizist und forderte fünf Mark Strafe. Wir protestierten gegen die Formulierung auf der Quittung „Ordnungswidrigkeit" und verlangten eine präzise Beschreibung des Vergehens. Mein Freund behauptete genau zu wissen, sein Vater arbeitete schließlich im Staatsapparat, dass jedem Bürger das Recht dazu per Gesetz zustehe.
Der Polizist kam ins Grübeln. Schließlich stellte er einen neuen Schein aus, auf dem stand tatsächlich: ***Urinieren im Stadtgebiet****.*

Verknackt vom ABVer

Und dann gab's noch die ABVer (Abschnittsbevollmächtigte). Die saßen in ihren Büros im zugeteilten Stadtviertel und regelten Nachbarstreitigkeiten, Schlägereien, Fahrraddiebstähle und Beleidigungen. Sie ersparten den Gerichten viele Prozesse. Zu ihren Aufgaben gehörte auch die zielgerichtete Arbeit mit der Jugend.
Peter N. hat auch das erlebt:
Ich hatte Kirschen aus einem Nachbargarten geklaut. So was machte man damals noch, und darüber regte sich der Besitzer mächtig auf und zeigte mich beim ABVer an. Der verknackte mich zu fünf „freiwilligen" Aufbaustunden im NAW (Nationales Aufbauwerk). Da musste ich Müll in einem Park aufsammeln.

„Seid bereit!“ ... „Immer bereit!“

Für Frieden und Sozialismus

Am 13.12.1948 wurde der Verband der „**Jungen Pioniere**“ gegründet. Beim 1. Piontiertreffen (18. bis 24.08.1952) in Dresden erhielt die Organisation den Ehrennamen „**Ernst Thälmann**“.
Der Pionierleiter begrüßte die Kinder mit „Seid bereit“ und die antworteten im Chor „**Immer bereit**“.
Wozu blieb zunächst offen. Die meisten dachten dabei wahrscheinlich an Fußballspielen, Wandern oder was ihnen sonst Spaß machte. Äußeres Symbol der Mitgliedschaft waren zuerst für alle das **blaue Halstuch** und der **Pionierausweis**. Später gab es **Jungpioniere** (1. bis 4. Klasse) mit **blauem** und **Thälmannpioniere** (5. bis 8. Klasse) mit **rotem Halsschmuck**. Die **Pionierkluft** (blauer Rock, bzw. Hose, weißes Hemd bzw. Bluse) setzte sich nie allgemein durch.

DIE GEBOTE DER JUNGPIONIERE

WIR JUNGPIONIERE
lieben unsere Deutsche Demokratische Republik.

WIR JUNGPIONIERE
lieben unsere Eltern.

WIR JUNGPIONIERE
lieben den Frieden.

WIR JUNGPIONIERE
halten Freundschaft mit den Kindern
der Sowjetunion und aller Länder.

WIR JUNGPIONIERE
lernen fleißig, sind ordentlich und diszipliniert.

WIR JUNGPIONIERE
treiben Sport, halten unseren Körper sauber
und gesund.

WIR JUNGPIONIERE
achten alle arbeitenden Menschen und helfen
überall tüchtig mit.

WIR JUNGPIONIERE
singen, tanzen und spielen gern.

WIR JUNGPIONIERE
sind gute Freunde und helfen einander.

WIR JUNGPIONIERE
tragen mit Stolz unser blaues Halstuch.

Gebote der Pioniere.

„Junge Pioniere sind einander Freund", so wünschte man sich das jedenfalls.

Alle Pioniere waren seit dem III. Pioniertreffen (1958) – „**Für Frieden und Sozialismus**" bereit und Mitglieder einer sozialistischen Massenorganisation. (Das Wort „Massen" gehörte häufig zum verbalen propagandistischen Aufgebot, so wurden die „werktätigen Massen mobilisiert" oder „Massenbewegungen" ins Leben gerufen.)
Wie es sich gehörte, verpflichteten sich die Pioniere, bestimmte Gesetze oder Regeln einzuhalten, die aber merkwürdigerweise „**Gebote**" hießen.

Längst nicht alle wollten anfangs dabei sein

Um eine Massenorganisation handelte es sich zunächst nur mit Blick aufs ganze Land. Umgekehrt durfte auch nicht jeder mitmachen. Das **blaue Halstuch** zu tragen war eine Ehre, und Pionierarbeit außerschulische Angelegenheit. Von beiden Prinzipien blieb nicht viel. Im Gegenteil: Wer sich weigerte, wurde später mindestens scheel angeguckt. Und den Pioniergruß sprach der Direktor beim Appell auf dem Schulhof.
Die Pionierleiter, meist waren es Frauen, also Leiterinnen, mussten vor ihrem Schuldienst im Allgemeinen eine gezielte Ausbildung absolvieren. Die bestand längst nicht nur aus „Politik". Sie wussten danach, wie man mit Kindern singt, wandert, spielt und bastelt. In der Schule waren sie zum großen Teil für das verantwortlich, was nicht zum Unterricht gehörte. Sicher, manche kümmerten sich hauptsächlich nur um das Kassieren von Mitgliedsbeiträgen, die meisten aber organisierten und veranstalteten vieles, was den Kindern Freude machte. Nicht zu unterschätzen war auch ihre Rolle als Ansprechpartner und Vermittler zwischen Schülern und Lehrern.

Heinrich M. aus Rostock erinnert sich an seine Zeit als Gruppenratsvorsitzender:

Ich besuchte 1955 die fünfte Klasse und wurde Mitglied der Pionierorganisation. So stolz wie die Kleinen (erste Klasse) auf Halstuch u. s. w. waren, waren wir nicht. Ich wollte wie alle meine Freunde dabei sein und wurde sogar zum ***Gruppenratsvorsitzenden*** *gewählt. Unsere Leitung durfte Vorschläge machen, was die Gruppennachmittage betraf. Betreut hat uns eine Lehramtsstudentin. Die brauchte für ihr Studium einen Schein, der Praxis nachwies.*
Was die allein nicht ***durchstellen*** *konnte – ja, durchstellen war so ein Modewort damals – machte die* ***Pionierleiterin****. Die mochten wir auch – im Gegensatz zu manchen Lehrern. Wir sind zum Beispiel gewandert, haben mit* ***Karte und Kompass*** *gearbeitet,* ***Volleyball am Strand*** *gespielt,* ***Betriebe besichtigt*** *und einmal einen* ***Richter für einen Vortrag eingeladen****. Das alles festigte auch, wie es damals hieß, unser Klassenkollektiv. Im* ***Pionierchor*** *sangen wir Lieder, deren Texte ich heute noch auswendig kann.*

Blaue Wimpel im Sommerwind

Liebe Heimat, deine Weiten
locken uns mit Lerchenschlag.
Seinen Reichtum auszubreiten,
eilt der junge Sommertag.
Unsre bunten Träume blühen
wie ein großer Blumenstrauß.
Durch die Heimat wolln wir ziehen,
frisches Lied, flieg du voraus.

Refr.:
Blaue Wimpel im Sommerwind
wehn, wo fröhliche Kinder sind,
blaue Wimpel im Sommerwind
über unserem Land.

Feld und Wald sind zu besingen,
rotes Dach und grüner Klee.
Wir sind mutig und bezwingen
schroffen Fels und wilde See.
Rings die ernteschweren Auen
sind vor Freude licht und laut.
Was die Väter kühn erbauen,
ist uns morgen anvertraut.

Blaue Wimpel im Sommerwind ...

Text: Manfred Streubel
Musik: Gerd Natschinski

Pionierlied: „Blaue Wimpel im Sommerwind“.

Weniger interessant waren die zentralen Appelle, anlässlich des Geburtstages von Ernst Thälmann beispielsweise. Hauptsächlich dann, wenn dabei auch noch sowjetische Genossen oder Arbeiterveteranen nicht wieder mit Reden aufhörten.

Erich gründet die FDJ

Vereint, „dem Morgenrot entgegen"

Na ja, die Hauptüberschrift übertreibt ein bisschen.
Am 7.2.1946 einigten sich die verantwortlichen Funktionäre von SPD und KPD über den Aufbau einer antifaschistisch-demokratischen Jugendorganisation unabhängig von den Parteien.
Am 7.3.1946 folgte die Zustimmung der sowjetischen Besatzungsmacht. Ein provisorischer Vorstand mit **Erich Honecker** als Vorsitzendem nahm seine Tätigkeit auf.
Bald fanden überall Gründungsfeiern statt.
Am 21. und 22.4.1946 vereinigten sich in Berlin SPD und KPD zur SED.
Vereint, auch mit der Unterstützung kirchlicher Kreise, marschierte die Jugend „**dem Morgenrot entgegen**", wie es in einem Lied hieß.

Werbung für die FDJ.

„Junge Garde" angetreten „zur Aneignung des Waffenhandwerks".

„Kirchenkampf": Einige bezahlten mit Haftstrafen

Geistliche Würdenträger fühlten sich nur ihrem christlichen Auftrag verpflichtet und kämpften für die „**Junge Gemeinde**" und „**Studentengemeinde**". Einige bezahlten ihr Engagement mit Haftstrafe (z. B. Johannes Hamel in Halle). **Erich Honecker** persönlich beendete am 11. Juli 1953 den „Kirchenkampf" mit der Feststellung, dass die christlichen Vereinigungen keine Organisationen, sondern Teile der Kirche wären.

Albrecht W. erinnert sich:
Ich ging zur Jungen Gemeinde, weil es mir da besser gefiel als in der FDJ. Ich redete nicht viel darüber, aber meine Freunde und die meisten Lehrer wussten es. ***Mir ist deshalb nichts passiert und studieren durfte ich trotzdem.***

Blau blieb auch nach der Pionierzeit die Farbe der organisierten Jugend. Aus dem Tuch wurden Hemd und Bluse und diese bei bestimmten Anlässen zur Pflichtbekleidung.
„**FDJler ... Freundschaft**" grüßte der Direktor beim zentralen Schulappell und die Freundschaft siegte auch im Weltjugendlied:
... **unser Lied die Ländergrenzen überfliegt, Freundschaft siegt.**

Ferienlager für alle

Erste Liebe: Vorschriften insbesondere für Mädchen

Mit der Liebe lief das in den Fünfzigern nicht so einfach wie heute, wo Vater verständnisvoll lächelt und sich vielleicht sogar freut, wenn der Sohn von einer Freundin erzählt. Damals hielt der lieber den Mund und wenn doch etwas ans Licht kam, hörte er vorwurfsvoll: „**Du fängst aber früh an.**" Mädchen wurden noch ganz andere Sachen gesagt und Vorschriften verordnet.

In die **Ferienlager** reichte der lange Arm der Eltern aber nicht.
Frohe Ferien für alle Kinder war staatlich beschlossen und wurde energisch realisiert. Für alle! – Das bedeutete nicht zuletzt, bezahlbar.
Volkseigene und größere Privatbetriebe mieteten verlassene Gaststätten, baufällige Gebäude oder errichteten neue Häuser für **Betriebsferienlager** und warben meist auch die dazugehörenden Betreuer aus den eigenen Reihen.
Das politische **Pionierorganisationsgehabe**, also zum Beispiel **Fahnenappelle** und ähnliches, realisierten die Elektriker, Sekretärinnen und Sachbearbeiterinnen nur widerwillig oder ließen es einfach ganz ausfallen.
Vor allem in den kleinen Einrichtungen herrschte Familienatmosphäre.

Kinderferien waren sozusagen staatlich beschlossen.

Anders in den **Zentralen Pionierlagern**, wo nicht selten über tausend Kinder betreut und organisiert wurden. Hier durften die so genannten „Höhepunkte“ nie fehlen, bei denen die Kinder nach Kommando aufmarschieren und lange Reden anhören mussten. Die Teilbereiche hießen **Lagerfreundschaften** und die fochten beispielsweise erbitterte **Fußballspiele** gegeneinander aus.

Langeweile gab es selten

Arbeitsgemeinschaften mit solider technischer Ausrüstung besaß jedes Lager (Schiffsmodellbau, Fotografie, Mikroskopie, Topografie, Biologie, Junge Sanitäter u. s. w.), und die Leiter verstanden meist ihr Fach. „Langweilig“, schrieben nur selten Kinder nach Hause. Am allerwenigsten war es das, wenn die Nachtruhe begann (in der Regel 22 Uhr). Ganz im Gegenteil!
In den Zelten standen für 10 bis 12 Kinder Doppelstockbetten auf engstem Raum. Musste bei der Ankunft im Lager zwischen Haus und Zelt aufgeteilt werden, gab es Tränen bei denen, die in die festen Unterkünfte marschieren mussten.
Ideal war eben „Zelt“ – nicht zuletzt aus Liebesgründen. Trotz scharfer Bewachung durch die Betreuer gelang es denen nur an wenigen Abenden, alle Ausbruchsversuche zu verhindern. **Meist wurden Jungen aus Mädchenzelten geholt**, aber manchmal saßen auch Mädchen neben den Betten von Jungen.

Holger L. denkt heute noch daran:
Mein Freund und ich wurden nach den Ferien 14 und waren wahnsinnig in zwei Mädchen verknallt. ***Von Sex wussten wir herzlich wenig****, kannten nicht einmal das Wort. Aufklärung fand in unserer Schule nicht statt und auch nicht für uns Jungen im Elternhaus. Jedenfalls haben wir es immer wieder geschafft, zu den Mädchen nach Beginn der Nachtruhe ins Zelt zu kriechen. Was*

wir da getan haben?
Nicht einmal Händchen gehalten oder gar geküsst. ***Nur heiß geliebt.***

Ferienlager: Am liebsten im Zelt.

Konfirmation ... Jugendweihe

Mit richtigem Anzug und erster Krawatte

Schule und Kirche trennten in der DDR von Anfang an Gesetze und Anordnungen.
Aber die Religionslehrer durften in vielen Schulen nachmittags noch von Maria und Joseph erzählen.
Fast alle Schüler besuchten in den fünfziger Jahren den Religionsunterricht, ließen sich konfirmieren, oder erhielten die Heilige Kommunion. **Jugendweihe wollten zunächst sehr wenige**.
Später, als die, die Jugendweihe wollten, immer mehr wurden, verweigerten ihnen die Pastoren den kirchlichen Segen (noch später dann nicht mehr).
Auch die meisten Eltern zahlten Kirchensteuern und saßen wenigstens am 24. Dezember im Festgottesdienst. Das alles war normal und gehörte einfach dazu.

Bild links: Konfirmant 1954

Bild rechts: Heilige Kommunion 1954

Bruno K. erinnert sich:
Wir hatten einen sehr guten Religionslehrer und freuten uns immer schon auf ihn. Er erzählte von Maria, Joseph und Jesus sozusagen ohne Wenn und Aber, so, als wäre er selbst in Bethlehem dabei gewesen. Es waren aber keine Märchenstunden, vor allem, weil er so viel Wert auf die zehn Gebote legte. Darauf kam er immer wieder zurück und illustrierte sie mit Beispielen aus unserer Lebensumgebung. Ich höre ihn manchmal noch heute reden und ganz sicher haben mich seine Worte geprägt, also zum Beispiel vor Gewaltanwendung schrecke ich absolut zurück.
Vor der Konfirmation fand die Prüfung in der Kirche statt. Die Konfirmation selbst wurde dann ein großes Familienfest. Alle Verwandten waren geladen, vor die Haustür wurden weißer Sand und grüne Zweige gestreut und Girlanden um die Haustür gelegt. Etwas Konkretes ist mir noch im Gedächtnis. Unser Pastor sagte (1954) zu uns Jungen: „Ihr seid der erste Jahrgang, wo alle einen richtigen Anzug anhaben." Und den trugen wir stolz. ***Dazu weißes Hemd und um den Hals die erste Krawatte****.*
Die „Katholischen" feierten früher und in anderer Aufmachung.

„Sportlich" war ein Markenzeichen

Dicke wurden gnadenlos verlacht

Walter Ulbricht (u. a. Staatsratsvorsitzender bis 1973) machte es vor und ließ sich zum Beispiel von der Presse bei sportlichen Aktivitäten ablichten.
Jedermann an jedem Ort einmal in der Woche Sport.
In ihren Arbeitspausen bewegten sich daraufhin die Werktätigen gymnas-

Walter Ulbricht machte es vor! Einmal in der Woche Sport.

tisch und sprangen, liefen und schwammen in ihrer Freizeit um das **Sportleistungsabzeichen**.
Kinder und Jugendliche musste in den Fünfzigern niemand zur Bewegung auffordern. Von sportlichen Höchstleistungen träumten viele Jungen und Mädchen, meist ohne dabei gleich an Olympiaden oder Weltmeisterschaften zu denken. „Sportlich" war ein Markenzeichen, nicht zuletzt beim anderen Geschlecht, Dicke und Unbeholfene wurden gnadenlos verlacht.

Von der Straße in die Vereine

Autos und Motorräder trieben die **Fußballspieler** und **Hopsermädchen** auf den Straßen in die Flucht. Dafür lockten Vereine. Die bekamen fortschrittliche Namen (fortschrittlich hieß alles, was offiziell angepriesen wurde, und war das Gegenteil von reaktionär), so zum Beispiel spielten in der Fußball-Oberliga „**Vorwärts Schwerin**", „**Einheit Meerane**", „**Aktivist Brieske-Senftenberg**", „**Empor Rostock**".
Die Namen der BSG (Betriebssportgemeinschaften) lehnten sich oft direkt an diese Förderer, so etwa „**Horch Zwickau**" (Autofabrik, Typ Horch), „**Waggonbau Dessau**", „**Anker Wismar**", „**Märkische Volksstimme, Babelsberg**".

Die Mitgliedschaft im Verein kostete fast nichts (in der Regel 0,10 bis 0,20 Mark pro Monat). Die Sportbekleidung wurde mindestens den Spielern der ersten Mannschaften oder herausragenden Talenten vom Verein kostenlos überlassen.
Die meisten Mädchen bevorzugten Leichtathletik, Feldhandball und Rudern. Für die Jungen aber stand Fußball an erster Stelle.

Bruno K. trainierte als 14-Jähriger 1956 in einem Verein:
Von Viererkette, Libero oder Doppelpass sprach unser Trainer nie, weil die Begriffe noch nicht erfunden waren. Wir standen und liefen noch traditionell wie unsere Väter auf dem Rasen.

Ein Verteidiger überschritt fast nie die Mittellinie und ein Stürmer verirrte sich selten im eigenen Strafraum. Ein bekannter ehemaliger Fußballspieler (G. Netzer) hat den alten Stil vielleicht ein bisschen scherzhaft „Standfußball" genannt. Aber das trifft im Vergleich zu heute absolut zu. Stundenlang übten wir zum Beispiel Stoppen des Balles. So kann das heute wohl kein Fußballspieler mehr und will es auch nicht.

Für viele Kinder und Jugendliche wurde der Sportverein zu einer zweiten „Heimat".
Die meisten gingen nach einem Spiel nicht sofort nach Hause. Trainer und Betreuer förderten das und ein **Sportlerheim** stand fast überall neben dem Platz. Wer über 16 war, durfte sich da auch schon mal **ein Bier** bestellen – aber mehr nicht.

Talentsuche: Mit dem Bier danach war es vorbei

Spätestens Ende der fünfziger Jahre erkannte die DDR-Führung auch die Möglichkeit, mit Hilfe sportlicher Erfolge internationales Ansehen zu gewinnen. **Diplomaten im_Trainingsanzug** hießen dann die Spitzenathleten.
Systematische Talentsuche begann und Sportschulen wurden gegründet. Mit dem Bier nach dem Wettkampf war es dann vorbei.

Schwimmen lernte jedes Kind

Wenn der Sportlehrer (oder die Lehrerin) fehlte, übernahmen andere das Fach, ausfallen durfte es so selten wie möglich. Höhepunkte waren die Sportfeste oder Schulausscheide. Die Besten trafen dann bei Stadt-, Kreis- oder Bezirksmeisterschaften aufeinander, später wurden sie **Spartakiaden** genannt.

„Keine Bikinis! ... Angetreten zum Schwimmunterricht!"

Schwimmen lernte in der DDR fast jedes Kind. Die Bäder boten für ein geringes Entgelt Lehrgänge an, in den Schulen gehörte Schwimmen (innerhalb des Sportunterrichtes) zu den Pflichtübungen. Wer es noch nicht konnte, erhielt Nachhilfe, wenn auch das nicht half, musste er mit der Teilnote „Schwim-

men 5" im Fach Körpererziehung rechnen. Aber davon ganz abgesehen, bedeutete nicht schwimmen zu können erheblichen Imageverlust, zum Beispiel beim anderen Geschlecht in Freibädern, gefluteten Restlöchern oder in der Ostsee.
Um ihre **Frei- und Fahrtenschwimmerurkunden** zu erlangen, mussten sich die Kinder vorher 15 bzw. 45 Minuten über Wasser halten und vom Rand bzw. Drei-Meter-Brett springen.
Jedermann an jedem Ort, einmal in der Woche Sport? Für die Kinder und Jugendlichen in den fünfziger und sechziger Jahren meistens kein Problem.

Fritz Walter, Harry Glass und viele andere

Neid und Intrigen

Erstaunlich bald traten nach dem Zweiten Weltkrieg wieder Sportler aus verschiedenen Ländern im friedlichen Wettstreit gegeneinander an. Der „olympische Gedanke" sollte helfen – und tat es auch – die Völker zu versöhnen (1948 Winterspiele in St. Moritz ohne Deutschland, Japan und Sowjetunion, Sommer 1948 London, 1952 Helsinki mit Deutschland, Japan und Sowjetunion).

Im ehemaligen Deutschland existierten mittlerweile zwei Staaten und damit auch im Sport viele Probleme.
1956 bis 1964 marschierte bei Olympia noch eine **gemeinsame Mannschaft** ein, die schwarz-rot-goldene Fahne mit den olympischen Ringen wehte den Sportlern voran und statt Landeshymnen wurde für deutsche Sieger der Schlusschor aus Beethovens 9. Symphonie gespielt. Die Aufforderung „Seid umschlungen Millionen" erreichte freilich oft nicht einmal die Athleten aus den beiden Ländern. Intrigen, Ränke, Neid und gegenseitige Schuldzuweisungen trübten die Freude oft schon vor den Wettkämpfen.

Zwei deutsche Mannschaften

Im Oktober 1965 beschloss das IOC in Genf, zukünftig zwei deutsche Mannschaften marschieren zu lassen. 1968 in Grenoble war es dann so weit. Allerdings wehten erst 1972 in München die „richtigen" Fahnen und die Sieger hörten die Nationalhymne ihres Landes.
Die sportbegeisterte Jugend in der DDR kürte ihre Helden unabhängig von politischem Gezänk, obwohl natürlich Erfolge „unseres Mannes" oder „unserer Frau" besonders bejubelt und gefeiert wurden. Bemerkenswert ist, dass damals die erfolgreichen Athleten – nicht nur Fußballer – in der Gunst und

dem Willen, ihnen nachzueifern, bei der Jugend weit vor Schlagersängern und Schauspielern rangierten.
Von einem „Wunder von Bern“ redete niemand, aber auch im Osten kannten die Sportfreunde – Fans hießen sie später – die Namen der Weltmeister 1954.

BRD ist Fußball-Weltmeister 1954: Das Ereignis interessierte nicht nur die Westdeutschen: Fritz Walter, der Spielführer der bundesdeutschen Mannschaft, war in Ost und West bekannt.

Harry Glass war der Erste

Zur „Legende“ – auch diesen heute oft überstrapazierten Begriff, mit dem Biersorten etikettiert werden, verwendete keiner – wurde **Harry Glass**, der bei den olympischen Winterspielen in Cortina d’Ampezzo als erster DDR-Sportler eine olympische Medaille erkämpfte (Bronze im Skispringen).

Bernd K. saß am Radio:
Ich war 1956 gerade mal zwölf Jahre alt, aber ich erinnere mich genau. Wir hätten bei der Rundfunkübertragung am liebsten die Ohren ins Radio reingehalten. Harry Glass führte nach dem ersten Durchgang. Gold schien greifbar nahe, doch dann verpasste Glass den idealen Absprung im zweiten Durchgang und wurde Dritter. Uns reichte das.

Über eine andere Episode berichtete keine Zeitung oder kein Radio in der DDR. Harry Glass tanzte beim Abschlussfest mit Ossi Reichert, der Gastwirtstochter aus Grunzesried. Die hatte Gold im Riesenslalom geholt. Harry und Ossi, mehr war für Deutschland nicht drin gewesen.

Statt Kahn oder Frings: Peter Ducke oder Herbert Rapsilber

Wollte einer alle erfolgreichen ostdeutschen Sportler und ihre Siege und Medaillen aufzählen, müsste er wohl bald an eine Buchveröffentlichung denken. Am 1.12.1956 siegte und holte damit das erste Olympiagold in der DDR

der Berliner Boxer **Wolfgang Behrend** in Melbourne gegen den Südkoreaner Song sooh chon.
Helmut Recknagels Olympiagold 1960 am Holmenkollen dürfte ebenso wenig fehlen wie **„Täve“ Schur** (zweimal Weltmeister, zweimal Gesamtsieger der Friedensfahrt).

Täve Schur: ein Sportsymbol, nicht nur in der DDR.

Die Jungen und Mädchen bejubelten nicht nur, sie versuchten, es ihren Helden gleichzutun, und „verwandelten“ sich manchmal ganz einfach in sie.

Hans W. vergleicht:
Mein zehnjähriger Enkel steht heute nicht als Florian im Tor, sondern nennt sich abwechselnd Olli Kahn oder Jens Lehmann. Schweinsteiger und Torsten Frings stehen in Miniaturausführung in seinem Zimmer. Fanartikel kannten wir früher nicht. Aber ***Peter Ducke*** *(Jena) oder* ***Herbert Rapsilber*** *(Halle) waren wir manchmal auch.*

Viele Talente entdeckte man beim Sportunterricht in der Schule.

Schiedsrichter ans Telefon!

Stadion mit „Kinderkurve“

Die Zuschauer trennte vom Spielfeld in den meisten DDR-Stadien nur eine leicht überwindbare Mauer. Errang die Heimmannschaft einen glor-

reichen Sieg, wurde das Hindernis übersprungen und auf den grünen Rasen gerannt.
„Gästeblocks" gab es noch nicht, dafür eine „**Kinderkurve**". Lauthals protestiert gegen falsche und richtige Schiedsrichterentscheidungen wurde auch. Emotionen entluden sich hauptsächlich verbal. Manchmal hielt sich einer beide Hände wie einen Trichter vor den Mund und schrie empört: „**Schiedsrichter ans Telefon!**", und die Umstehenden klatschten begeistert Beifall.

Fußballspiel der DDR-Oberliga im Dessauer Schillerpark: Konferenzschaltung mit Heinz-Florian Oertel, Wolfgang Hempel und anderen.

Vor den Stadien standen auch damals schon Polizeiwagen und die Schlachtenbummler diskutierten oder krakeelten draußen weiter. Handgreiflich wurde selten einer. Vielleicht, weil nicht nur ihre Blocks, sondern auch Gäste weit gehend fehlten – eine Reise zu einem Fußballspiel konnten sich nur sehr wenige leisten. Der Rundfunk nahm sich viel Sendezeit für die Sportberichterstattung. **Heinz-Florian Oertel**, **Wolfgang Hempel** und andere Reporter saßen in „Konferenz" auf den Stadientribünen während der Oberligafußballspiele. Aber auch über andere Wettkämpfe wurde ausführlich informiert.

Freizeitkicker

Streit um den „wilden" Sport

Im Januar 1958 erregte ein Streit über „wilden Sport" beim VEB Minol Schwerin die Gemüter. Ihre Betriebsmannschaft weigerte sich, dem DTSB (Deutscher Turn- und Sportbund, gegründet am 28.4.1957) beizutreten und begründete das so:
„**Wir wollen keinen Leistungssport, sondern nur nebenbei etwas für unseren Körper tun.**" Wegen dieser Unbotmäßigkeit wurden der Mannschaft Platz und Schiedsrichter kurzerhand entzogen.
Der 1. Vorsitzende des Kreisvorstandes des DTSB beschuldigte die Freizeitkicker:

„Die wollen im Trüben fischen, sich nicht in die Karten gucken lassen.“ Und außerdem zitierte er aus einem Beschluss des Bundesvorstandes: „**Nur Betriebsmeisterschaften unter Leitung des DTSB.**“

Diese Geschichte ist sozusagen typisch für die damalige Zeit. Der FDJ-Sekretär von **VEB Minol** stellte sich übrigens energisch hinter seine „**wilden Sportler**“.

Sandmann, lieber Sandmann

Fernseher – bevorzugte Lieferung oder anmelden

Nach einem Jahr Versuchsbetrieb ging am 25.12.1952 das „Deutsche Fernsehen“ der Bundesrepublik auf Sendung.

Das SED-Politbüro, so erinnert sich der Techniker Hans Mahle, stemmte sich im Gegensatz zur sowjetischen Besatzungsmacht gegen das neue Medium Fernsehen – „**Das wird nie was**“, meinten die alten Genossen.

Am 21.12.1952 – Stalins Geburtstag – blickten dann doch die ersten 75 Zuschauer auf ihre Geräte und das DDR-Programm, am 3.1.1956, (80. Geburtstag von Wilhelm Pieck) wurde das **ostdeutsche Fernsehen** (DFF) offiziell aus der Taufe gehoben.

Das erste Empfangsgerät hieß „**Leningrad**“, etwa 1000 Stück waren für den stolzen Preis von 3500 Markt verkauft. Verkauft hieß aber, wie bei vielen Produkten in der DDR nicht, in den Laden gehen, Geld auf den Tisch legen und mit der „Röhre“ unter dem Arm raus aus dem Geschäft. Wie immer in solchen Fällen gab es zwei Möglichkeiten: **Bevorzugte Lieferung oder anmelden**.

Bruno K. berichtet:

1957 erhielt mein Vater als große Auszeichnung für gute Arbeit in seinem Betrieb die Möglichkeit, sofort einen Fernsehapparat zu kaufen.

Wir Kinder – ich war zwölf Jahre alt – waren natürlich zuerst, wie man heute sagt, total happy und guckten ungefähr eine Woche lang einfach alles. Dann ließ das Interesse sehr nach, abgesehen von der Übertragung sportlicher Ereignisse. ***Da saß dann viel Besuch in unserem Wohnzimmer****.*

Später kriegten wir den Westen mit einer speziellen Antenne. Damit gab es jahrelang großen Ärger. Einmal wollten uns irgendwelche Typen die Antenne sogar absägen.

Westfernsehen wurde den Normalbürgern nicht verboten. Anderen ja, beispielsweise Angehörigen der Polizei und Offizieren der Armee. Aber die und ihre Kinder guckten heimlich trotzdem. Probleme gab es, wenn sie in der Schule etwas wussten, was nur aus einem Westprogramm stammen konnte.

Ostfernsehen beliebt im Westen

Die nächsten Apparate hießen „**Dürer**“, „**Rembrandt**“ und aus dem Tschechenland „**Manes**“. Nach und nach stand auch in fast jedem DDR-Wohnzimmer ein Empfangsgerät. Einige Sendungen wurden landesweit von vielen Menschen sehr kritisch betrachtet, vor allem die politischen Selbstdarstellungen von Partei und Regierung. Selbst die Jugendlichen merkten, dass in den Berichterstattungen irgendwas nicht stimmte oder positiv übertrieben wurde, zumal, wenn sie zum gleichen Thema den „Westen“ gesehen hatten. Da stimmte natürlich auch längst nicht alles. Aber es wurde glaubhafter dargestellt. An manchen Abenden aber wurde fast überall der „Osten“ eingeschaltet.
In seiner Ausgabe vom 3.6.1959 lobte das DDR-Fernsehen sogar der „Spiegel“ aus Hamburg, weil Infratest herausgefunden hatte, dass 35% der Zuschauer im Westen den DFF recht gut fanden (**gute Filme**, **gute Kulturfilme**, **gute Unterhaltungsprogramme**).
Das meinten auch die Kinder (und viele Jugendliche und Erwachsene!) auf der anderen Seite, wenn sie pünktlich 19 Uhr vor den Apparaten auf das Lied „**Sandmann, lieber Sandmann**“ warteten.

Umfrageergebnis Fernsehlieblinge 1968: Karl-Eduard von Schnitzler, Gunter Herlt, Ursula Karusseit, Manfred Krug, Helmut Sakowski, Hans Jacobus, Kollektiv Prof. Flimmrich.

Druschba, Datsche, Soljanka und Sputnik

Private Kontakte unerwünscht

Die langen Jahre sowjetischer Besatzung der DDR haben noch heute sichtbare, vor allem militärische Spuren hinterlassen. Einen Weg in die ost-

deutsche Umgangssprache fanden nur wenige Worte. Dabei war Russisch ab der fünften Klasse Pflichtfach und diese Sprache mussten auch alle Schüler und Studenten an den Oberschulen, Fachschulen und Universitäten weiter lernen. Die Erfolge hielten sich sehr in Grenzen, weil die Sprache meist lebensfremd gelehrt wurde und praktische Anwendungsmöglichkeiten viel zu kurz kamen.
Druschba heißt Freundschaft, die zum Beispiel zu den sowjetischen Soldaten zwar immer beschworen, aber für Jugendliche selten erlebbar wurde. Da halfen auch wenig die **„Gesellschaft der deutsch-sowjetischen Freundschaft (DSF) oder Straßennamen („Straße der DSF**“).
Private Kontakte zu sowjetischen Soldaten und Offizieren waren nicht erwünscht oder verboten. Brieffreunde begegneten sich selten persönlich. So blieben die Ostdeutschen und ihre „Freunde“ (Freunde hießen die sowjetischen Soldaten mehr oder weniger ironisch nach den „Iwans“ im Krieg) auch sprachlich weit gehend unter sich.
Nur aus den Wochenendhäusern wurden „**Datschen**“, und deutsche Hausfrauen kochten „**Soljanka**“. Noch ein russisches Wort wurde populär:
Am 4.10.1957 startete **Sputnik 1** als erster künstlicher Satellit auf eine Umlaufbahn um die Erde. Explorer 1 (USA) folgte erst am 1.2.1958.
Den sowjetischen Vorsprung feierten die DDR-Medien.

Klaus L. aus Berlin hat das Wunder als 14-Jähriger beobachtet:
Wir haben auch mehrmals abends in den Himmel geguckt und den Sputnik fliegen sehen. Jedenfalls einen hellen Punkt, der oben seine Bahn zog. Ob es sich wirklich um das gesuchte Objekt handelte, bezweifle ich heute. Aber egal. Meine Eltern und ich waren fasziniert, um nicht begeistert zu sagen. Wir gönnten den Amerikanern diese Niederlage. Weil die immer so angeben, sagte mein Vater und dann – nannte er mich plötzlich seinen ***Sputnik****. Wörtlich übersetzt bedeutet das Wort* ***Gefährte****,* ***Begleiter****. Ich habe damals unsere Russischlehrerin gefragt und fand Vaters Titulierung nicht schlecht.*

Lederhosen – nicht nur in Bayern

Sonntags mit weißem Hemd und Kniestrümpfen

Tiefe Sorgenfalten entstanden auch noch in den Fünfzigern auf den Stirnen der Eltern, wenn sie an die Kleidung ihrer Kinder dachten. Immer noch musste gekürzt, verlängert, gewendet, aufgetroddelt, geflickt und irgendwoher beschafft werden.
„Ordentliches Aussehen“ ihrer Sprösslinge war permanentes Ziel und größter Stolz von Vater und Mutter. Die Heranwachsenden machten sich weniger Sorgen.

Markenklamotten gab's im Osten sowieso nicht und überhaupt, Kleidung war für sie lange nicht so wichtig wie heute, wo schon die Kleinen im Kindergarten Sachen von MEXX verlangen.

Lederhosen, der Stolz eines jeden Jungen.

Beim **Völkerball** und **Bolzen** dachten Mädchen und Jungen nur sehr selten an Mutters mahnende Worte, Schuhe und Kleidung betreffend und wer sich „wie aus dem Ei gepellt" auf die Straße traute, wurde eher spöttisch „Mamas Bester" genannt, als beneidet.
Glücklich waren alle, wenn der Sohn endlich eine **Lederhose** besaß. Die hielt wenigstens in der warmen Jahreszeit fast alles aus und genügte sogar am Sonntag, wenn Besuch erwartet wurde. Dann aber mussten dazu das sorgfältig gebügelte **weiße Hemd** und **Kniestrümpfe** angezogen und das Haar gescheitelt werden. Die Riemen der Sandalen wurden im Laufe der Zeit immer schmaler, zuletzt hießen sie **Jesuslatschen**.

Mütter gegen Schminken und Sexy-Kleidung

Die Mädchen trugen Kleider, Röcke, Blusen, Pullover, selten Hosen. „Sexy" sahen sie nicht aus, dafür sorgten schon Mütter und Großmütter. Der Satz: **„So**

Brav sahen sie aus, die Kleinen und die Großen, ganz so, wie es den meisten Eltern und Großeltern gefiel.

Oberschulklasse 1958: „Ordentlich und keinesfalls sexy" sollten sie aussehen.

gehst du mir nicht aus dem Haus!", stoppte oft genug den Spaß am kurzen Rock oder der straffen Bluse.
„**Fetzen**" hieß, was zu wenig verbarg und **Schminken** kam „überhaupt nicht in Frage".

In der Schule sahen fast alle Kinder ordentlich aus. Das Klassenfoto ist noch aus einem anderen Grund bemerkenswert: In den fünfziger Jahren gab es in der DDR fast nur noch gemischte Klassen, und die Jungen standen ganz unbefangen neben den Mädchen.

Kulturbeutel und andere Höhepunkte

... siegen und lesen lernen

Das Wort Kultur stand natürlich schon lange in deutschen Lexika. Nach dem Krieg erreichte es im Osten den **Kulturbeutel** (Waschtasche), das „kulturelle Niveau des Volkes", Kulturhäuser und vieles andere mehr.
Bücher gehörten vorrangig zur Kultur.

Hans W. hat viel gelesen:
Ich verzog mich, wie viele meiner Altersgenossen, besonders zwischen 14 und 15 oft in irgendeine Ecke, um zu lesen. Die Märchenbuchzeit war vorbei, aber ***Old Shatterhand, Winnetou, Old Surehand, Trapper Geierschnabel*** *und andere Helden begannen unter unseren Augen zu leben, wie vorher Rotkäppchen oder Hänsel und Gretl.*
Karl May *wurde in der DDR erst wieder in den 70er Jahren gedruckt, aber bei Tanten, Nachbarn und in Leihbibliotheken lagen seine Bücher noch im Regal. Uns gefiel die Spannung, die edle Gesinnung der Helden und dass das Gute am Ende immer siegreich blieb. Diese Geschichten haben uns sicher auch beflügelt, positiv, wenn man das mal so sagen darf. Andere Bücher mussten für die Schule gelesen werden, oder wurden uns von den Lehrern empfohlen.*
Von der Sowjetunion lernen, heißt siegen lernen *– unser Deutschlehrer machte aus diesem offiziellen Spruch kurzerhand:* ***... heißt lesen lernen****.*
Es blinkt ein einsam Segel (Valentin Katajev),
Der wahre Mensch (Boris Polewoi),
Wie der Stahl gehärtet wurde (Nikolai Ostrowski),
Die Mutter (Maxim Gorki).
Am besten fanden wir in dieser Reihe aber ***Timur und sein Trupp*** *(Gaidar). Kinder helfen in dem Buch allein gebliebenen Frauen und Kindern gegen die*

*Kwakin-Bande. Daraus wurde eine Art Volksbewegung. Auch wir gründeten eine **Timur-Brigade** und holten zum Beispiel einem alten Mann regelmäßig Kohlen aus dem Keller.*

*Manche musikalischen Veranstaltungen avancierten zu kulturellen Höhepunkten, wenn beispielsweise sowjetische Chöre auftraten und **Suliko** sangen oder in deutscher Sprache **Sah ein Knab' ein Röslein stehen**.*

Heinz Quermann und die Schlagersterne

Der Rundfunk produzierte „bunte Sendungen" – mit viel Musik, zum Beispiel 1955 Horst Lehn und Rolf Krickow „**Per Draht gefragt**" und **Heinz Quermann „Da lacht der Bär**".
Schlagersterne gingen in beiden deutschen Staaten auf und ihre Liedertexte konnten viele 14- bis 16-Jährige auswendig.

Noch einmal Hans W.:
Wir schrieben die Schlagertexte sorgfältig in Schulhefte und lernten sie auswendig. Wenn greifbar, klebten wir Bilder von den Sängerinnen und Sängern dazu. Das lief später auch noch mit englischen Texten so weiter.

Fred Frohberg aus dem Osten sang zum Beispiel seemännisch „**Steuermann ho, halt die Wacht**" oder verliebt „**Eine Welt ohne dich**".
Julia Axen, ebenfalls ein Kind aus dem Osten, begann 1954 zaghaft: „**Mein Teddy muss ins Bett**" und trällerte später erfolgreich u. a. „**Ganz Paris träumt von der Liebe**" oder „**Papa, du bist so reizend**".
Aus Richtung Westen dudelten die Sender die neuesten Hits, die zu Problemen der Tanzkapellen wurden (Ost-/Westmusik musste im Verhältnis 60:40 gespielt werden).

Volksmusik mit Frisörmeister Roth

Auch **Volkmusik** erfreute in diesen Jahren die Herzen nicht nur der Älteren.
Herbert Roth's „Ich wandere ja so gerne am Rennsteig durch das Land" wird heute noch an Lagerfeuern geklimpert, obwohl der Frisörmeister Roth schon 25 Jahre tot ist (2007).
Den Jugendlichen allerdings gefiel **Fred Bertelmanns „Lachender Vagabund**" besser.
Die wollten in kein „**Kleines Haus am Wald**" wie Herbert Roth, sondern lieber mit Fred Bertelmann auf Tour, allein schon deshalb: „**... und so lachte mir und so lacht mir auch noch heute, überall ein roter Mund ... und es gibt keine Stunde, die ich je bereute, meine Welt ist rund**."

Pünktlich nach Hause

Die Erwachsenen nannten sie „Halbstarke"

Die Eltern gingen in den fünfziger Jahren „aus" und ihre Kinder so wie auch heute noch „raus".
Vierzehn, fünfzehn, sechzehn ... – Zeit für die zweite Liebe, nicht bei Diskos und Softdrinks. Auf der Straße, am Denkmal, neben der Schule, auf dem Sportplatz – und nicht zuletzt im Kino. Händchen halten, erster und zweiter Kuss. Zwischendurch eine von Vaters Zigaretten. Härtere Drogen waren nicht im Angebot. Die Welt begann vor der Haustür und dem Gartenzaun.
Anita Z. erinnert sich:
Unsere Clique traf sich am Kriegerdenkmal. Mein Heimweg führte etwa zehn Minuten durch einen kleinen Park. Meist ging ich allein und beeilte mich, wenn es im Herbst oder Winter schon dunkel war. Richtige Angst, überfallen zu werden, hatte ich nicht. Ich glaube heute, dass es damals auch für die meisten Kriminellen Grenzen gab, die sie so leicht nicht überschritten. Nicht gegen Minderjährige und nicht gleich mit dem Messer. Mit einer Pistole sowieso nicht, weil Schusswaffen so gut wie unmöglich zu beschaffen waren.

„**Komm bitte spätestens 19 Uhr nach Hause**", war fast immer angesagt. Immer, wenn's draußen gerade am schönsten war. Da blieb den Halbwüchsigen, die Erwachsenen nannten sie „**Halbstarke**", nur ein Trost. Pünktlich 19 Uhr nach Hause? Nicht mehr lange. Mit 18 könnt ihr mich mal.

Berlin ist zu

„Mauer" – innerstädtische Vollsperrung

Was am 13. August 1961 in Berlin geschah, weiß man wohl auf der ganzen Welt. Die in dieser Stadt errichtete „**Mauer**" wurde zum Symbol, und der damalige erste Mann der DDR, **Walter Ulbricht**, im Bewusstsein vieler Menschen der Erbauer dieser innerstädtischen Vollsperrung.

Hatten nicht vorher immer mehr Menschen dem sozialistischen Staat über Berlin den Rücken gekehrt? (Allein in Halle verdoppelte sich ihre Zahl von 1960 zu 1961 auf 2317 Personen.)
Übersehen wurde und wird manchmal auch heute noch, dass es sich in Berlin 1961 um einen brandgefährlichen Konflikt zwischen den Westmächten und der Sowjetunion handelte, auf dessen Höhepunkt die Amerikaner sogar mit

Ingenieur Busch, Thälmannschacht:

Wer der DDR die Treue hält, hält dem Frieden die Treue

950 Mansfeldkumpel auf großem Wählerforum mit Genossen Bernard Koenen und Kollegen Winkelmann in Eisleben – Brief an Walter Ulbricht übersandt

13.08.1961 Zeitungsausschnitt.

Ulbricht: ließ er die Mauer in Berlin errichten?

atomaren Schlägen drohten. Sehr vereinfacht gesagt wollte die Sowjetunion die Westmächte aus Berlin raus und die ganze Stadt sozialistisch haben und drohte damit, dieses Ziel sozusagen auf kaltem Weg, durch einen separaten Friedensvertrag mit der DDR, zu erreichen.

Die Westmächte sträubten sich natürlich. Präsident **Kennedy** zeigte sich aber am 19. bzw. 25. Juli 1961 in den „three essentials" kompromissbereit.
Er verlangte Garantien für die Anwesenheit und ein uneingeschränktes Zugangsrecht der Westmächte, Sicherheit und Freiheit der Westberliner Bevölkerung und verzichtete neben anderem auf die in Wien kurz vorher noch gestellte Forderung, Freiheit des Inner-Berlin-Verkehrs über die Sektorengrenzen hinweg.
William Fulbright, Sprecher des außenpolitischen Senatausschusses, erklärte im Fernsehen am 30. Juli 1961:
„Ich verstehe nicht, warum die Ostdeutschen nicht ihre Grenzen schließen, denn ich glaube, dass sie ein Recht haben, sie zu schließen."
Die Sowjetunion akzeptierte die „three essentials" und der Friede war gerettet. Wer aber hat nun die „**Mauer**" gebaut? Der sowjetische Parteichef **Chruschtschow** sagte dem Botschafter **Hans Kroll**:
„Ich bin es gewesen, der letzten Endes den Befehl dazu gegeben hat."
Ulbricht, auch das veröffentlichte keine ostdeutsche Zeitung, gab 1962 gegenüber dem anglikanischen Priester Paul Oestreicher zu, dass ihn Ostdeutsche wegen des Mauerbaues „nicht lieben können" – weiter:
„Eines Tages – nach meinem Tod – wird mir die Geschichte Recht geben."
Sie hat ihm den Gefallen, wie bekannt, nicht getan.

Im Westen arbeiten, im Osten wohnen

Viele der in den 40er Jahren Geborenen waren inzwischen zu jungen Damen und Herren herangewachsen, die auch politisch selbständig urteilten.
Klaus S. aus Berlin hat die Folgen des 13. August 1961 am eigenen Leib gespürt:

Ich arbeitete im Westen und wohnte im Osten. Das war für mich äußerst lukrativ, zum Beispiel, weil ich mit Westgeld einkaufen und billige Ostpreise für Miete, Brot u. v. a. bezahlten konnte. Ich hatte mir schon manchmal gedacht, dass das nicht ewig gut gehen würde. Auch, weil so viele abhauten und dadurch ihre Betriebe und Institutionen teilweise regelrecht ins Chaos stürzten. Ich fand das auch nicht immer fair. Schließlich hatten sie Arbeitsverträge unterschrieben. Was anderes war, wer gehen musste, weil sie ihn sonst vielleicht eingesperrt hätten.
Ich bekam natürlich nach dem 13. August erhebliche Probleme. Das Geringste war, dass mein Werkzeug und die Arbeitsbekleidung noch drüben lagen. Ich dachte dann aber, na gut, arbeitest du eben hier. Was ich mir damals nicht träumen ließ war, dass der Kudamm und so weiter für mich so lange unerreichbar bleiben würde.
Nach einer gewissen Zeit, davon war ich überzeugt gewesen, würde man eben an der Grenze seinen Ausweis zeigen und fertig.

„Wir mischten uns nicht ein"

Die Sicherung der Grenze benötigte Hilfskräfte aus der gesamten DDR.
Ortfried K. war 1961 18-jährig bei der Transportpolizei:
Wir wurden am 10. August nach Berlin beordert, das hieß, unser Ziel kannten wir erst, als wir dort ankamen. Wir sicherten den Bahnhof Ostkreuz, Tag- und Nachtstreife war angesagt. Auch am 13. August erhielten wir keine anderen Befehle, wurden aber teilweise heftig von Passanten attackiert. Ich erinnere mich, dass viele Leute stinksauer waren und öffentlich, zum Beispiel auf die Ostberliner Zeitungen wetterten. Die haben manche vor unseren Augen zerrissen und in den Papierkorb geworfen. Wir liefen nur hin und her und mischten uns lieber nicht ein.
DDR-offiziell hieß die Vollsperrung **„antifaschistischer Schutzwall"**. Die Menschen im Osten drückten es kürzer aus: **„Berlin ist zu."**

Ich diene der Deutschen Demokratischen Republik

„Ehrendienst" in der NVA

Seit 1955 übte die Bundeswehr, und 1955 wurde die BRD Mitglied der NATO, 1956 trat im Westen das „Wehrpflichtgesetz" in Kraft.

Der Osten kasernierte schon am 3.7.1948 Teile seiner **Volkspolizei** zu einer **Gefechtstruppe**, und am 18.1.1956 beschloss die Volkskammer der DDR die Schaffung der **Nationalen Volksarmee** (NVA).
Die Anfangsstärke von 120 000 wurde bereits am 1.7.1956 auf 90 000 reduziert.
Ab 24.1.1962 musste jeder Mann im entsprechenden Alter in der DDR damit rechnen, zum „**Ehrendienst**" bei der NVA einberufen zu werden – das Gesetz hieß „**Allgemeine Wehrpflicht**".
Während ihre Altersgenossen jenseits der innerdeutschen Grenze zum „**Bund**" marschierten, mussten die jungen Männer der DDR zur „**Fahne**".

Vom „Kamerad" zum „Genossen"

Offiziell wurde im Osten von einer „**Armee neuen Typs**" gesprochen, im Westen erfand man den „Staatsbürger in Uniform".
Was und wie war die NVA?
Hauptmann a. D. Hendrik Schlegel sieht das heute so:
Die Akzeptanz (der Bevölkerung) schwand mit jedem entlassenen Wehrdienstjahrgang und den kundgewordenen Zuständen in der NVA („Neues Deutschland", 3. März 2006).
„Ich diene der Deutschen Demokratischen Republik" musste bei allen möglichen Anlässen (z. B. Auszeichnungen) aufgesagt werden.

Bernhard P.:
Ich gehörte 1962 zur zweiten Staffel der Eingezogenen und musste nach Schwerin. Von Anfang an erinnerte mich alles an Erzählungen und Bilder meines Vaters.
Erstens sahen unsere Uniformen der ehemaligen Wehrmacht verflucht ähnlich.

NVA-Soldat: „Uniformen sahen denen der ehemaligen Wehrmacht verflucht ähnlich."

*Zweitens herrschte ein ähnlicher Ton der Vorgesetzten, wenn wir auch nicht „**Kameraden**", sondern allesamt „**Genossen**" hießen, und drittens hatte ich diese Sprüche auch schon von meinem Vater gehört. Also beispielsweise den: „**Jeder Tropfen Schweiß bei der Übung spart einen Tropfen Blut im Gefecht.**"*
Bereits nach dem ersten Tag fingen wir an, unsere Bandmaße zu beschneiden (Das waren tatsächlich Bandmaße aus Mutters Nähkasten, die pro Tag bei der Fahne einen Zentimeter verloren). Die Urlaubs- und Ausgangsregeln stammten meiner Meinung nach aus dem Mit-

telalter und die Vorgesetzten agierten damit reichlich willkürlich. Raus aus der Kaserne nur in Uniform und meist 22 Uhr zurück. Viele von uns reagierten darauf mit u. E. (unerlaubte Entfernung) über den Zaun oder mit geklauter Ausgangskarte.

NATIONALE VOLKSARMEE
Standort Schwerin
Postschließfach-Nr. 3900
Ausgangskarte № 28616
Serie I
Der Inhaber der Ausgangskarte hat Ausgang bis 06.00 Uhr.
Nur gültig in Verbindung mit dem Dienstausweis (null sechs)
Dienststempel
Unterschrift, Dienstgrad, Dienststellung

Ausgangskarte: antiquierte Ausgangsregeln bei der NVA.

Am KDP (Kontrolldurchlassposten) mussten wir manchmal nicht nur die Karte vorzeigen, sondern auch Kamm, Taschentuch und Präservative. Mancher Besuch in Lokalen draußen war für uns verboten und in anderen kontrollierte uns die Streife. Die Verteidigungskraft einiger Offiziere war nicht besonders groß. Ich war eine Zeit lang Funker eines Stabsoffiziers. Der orientierte sich manchmal statt mit Karte und Kompass nach Kirchtürmen und Dorfbewohnern. Auch beim Ausgang in der Stadt bestand Grußpflicht für uns Soldaten, selbst gegenüber Unteroffizieren. Das Kommando „Kommen Sie mal zurück!" war gar nicht so selten, wenn man's mal vergaß. Schön war unsere Bibliothek und deren Leiterin. Überhaupt Kultur musste auch sein, so zum Beispiel gemeinsame Theaterbesuche.

NVA-Soldaten hatten es nicht leicht bei den Mädchen.

*In den Tanzlokalen hatten wir es nicht leicht, was die Mädchen betraf. Die meisten tanzten lieber mit einem Zivilen. Hinterher erzählen alle fast nur noch lustige Sachen von ihrer Zeit bei der Fahne. Die gab es natürlich auch. So wurde ich einmal ausgezeichnet – wofür ist mir entfallen – und ich antwortete nach Überreichung einer Prämie „**herzlichen Dank**", statt „**ich diene der Deutschen Demokratischen Republik**". Da wusste unser Hauptmann nicht weiter und meine Genossen hielten sich die Hände vor die Münder, um nicht laut zu lachen.*

Vorwärts Studenten und „gaudeamus igitur“

Chancen auch für Unterprivilegierte

Bereits auf ihrer 3. Hochschulkonferenz (28.02.–2.3.1958) hatte die SED endgültig die „sozialistische“ Zielrichtung für die Universitäten, Hoch- und Fachschulen der DDR vorgegeben.

Hochschullehrer gerieten zunehmend unter Druck, sollten sich offen zu Staat und Sozialismus bekennen.
Die Namensliste derer, die das nicht wollten und lieber in den Westen gingen, ist lang: **Ernst Bloch**, **Hans Mayer**, **Wolfgang Abendroth** ...
Auf der anderen Seite erhielten Unterprivilegierte eine echte Chance.
Am 11.10.1949 gründete sich in Halle (Saale) die „**Arbeiter- und Bauernfakultät**“ (ABF), in der jungen Leuten ohne Abitur (z. B. wegen Kriegsdienst) ein Weg zu einer akademischen Laufbahn angeboten wurde.

Strenges Regiment an Hochschulen

Leben und Lernen der Studenten und ihrer Lehrer an den Universitäten und Hochschulen der DDR unterschied sich wesentlich von dem im Westen. Das fing bereits vor dem Studium an – man musste sich bewerben und nicht einfach „einschreiben“, wozu in der Regel nur gute Abiturnoten Erfolg versprachen. „Endlosstudenten“ gab es nicht. Das Studium musste in der vorgeschriebenen Zeit geschafft werden. Nur Schwangerschaft, Krankheit oder ganz besonders tragische Umstände erlaubten eine Verlängerung. Wer zwei Mal durch eine Prüfung gefallen (Ausnahme drei Mal) oder nicht erschienen war, konnte gnadenlos mit seiner Exmatrikulation rechnen. Die Voraussetzungen, rechtzeitig fertig zu werden, waren im Vergleich zu heute optimal. Abgestimmte Pläne, Vorgaben für das Lehrpersonal (z. B. Korrekturzeit für Prüfungsarbeiten) sorgten ebenso dafür wie das Stipendium (nicht rückzahlbar!) für fast alle Kommilitonen.
Und wenn sämtliche Prüfungen geschafft und die Diplome und Staatsexamen feierlich überreicht waren, begann für die Absolventen die Vermittlung eines Arbeitsplatzes – **„wo der Staat sie braucht“**. Aber auch dabei wurden Ausnahmen gemacht. Überhaupt lief nicht alles so einheitlich und sozialistisch wie gewünscht.

In Kneipen kein Blatt vor den Mund

Martina K. studierte bis 1962 an einem Pädagogischen Institut:
Unser Studium verlief immer ein bisschen wie Schule. Die Klassen hießen Seminargruppen und der Klassenlehrer Seminargruppenbetreuer. Und dann die FDJ-Leitung, na ja, vor der mussten wir Rechenschaft ablegen und sie

beurteilten uns. Natürlich war eigentlich, wenn ich heute daran denke, alles halb so schlimm. Wir taten so und machten, was wir wollten. Gesungen werden sollte sozusagen ständig das Lied ***„Vorwärts Studenten, die Wissenschaft werde niemals der Menschheit zu Geisel und Fluch“****, aber wir stimmten oft genug „gaudeamus igitur“ oder „es lagen die alten Germanen“ an. Das Studentenleben außerhalb des Instituts war sowieso heftig. Wir hatten unsere Kneipen, wir kannten unsere Wirte und tranken und rauchten bei ihnen, ohne die FDJ-Leitung oder sonst wen um Erlaubnis zu bitten und nahmen dabei kein Blatt vor den Mund.*

Studentengruppe in den 60er Jahren – Studium ein bisschen „wie in der Schule“.

Weißer Holunder blüht wieder im Garten

Gut tanzen musste man können

Auf die Frage nach der Einführung neuer moderner Wissenschaften aus dem Westen auch in der DDR schüttelten die Allmächtigen im Politbüro anfangs wahrscheinlich auch nur mit dem Kopf.
So wurde die Kybernetik lange ebenso verteufelt (später hieß ein DDR-Analogon „Marxistisch-Leninistische Organisationswissenschaft MLOW), wie die moderne Soziologie. Umfrageergebnisse und Hochrechnungen gab es nicht, Konfidenzintervalle und Wahrscheinlichkeiten blieben bei der Mathematik. Deshalb vermochte niemand statistisch belegt zu sagen, nach welchen Kriterien sich damals die jungen Leute ihre Partner aussuchten. Gut tanzen können gehörte bestimmt dazu. Gut tanzen lernte man Schritt für Schritt in einer **Tanzschule**.

Tanzen und Sex? ... Nein, nur ein Kuss vor der Haustür

Hans W. war 1962 als 17-Jähriger dabei:
Bei uns zu Hause wurde jede Mark drei Mal vor dem Ausgeben umgedreht.

Aber meine Tanzstunde stand nicht zur Disposition, obwohl zum Schulgeld auch noch die Ausgaben für die Garderobe kamen. Mit den Mädchen lief das nicht so reibungslos wie heute. Wir standen ihnen reichlich schüchtern gegenüber und taten nur, neudeutsch ausgedrückt – cool.
Die Tanzlehrerin begann mit einigen, wie sie es nannte, grundsätzlichen Einweisungen. Wenn ich mich richtig erinnere, liefen die darauf hinaus, völlig anders ausgedrückt selbstverständlich, dass ***Tanz und Sex*** *nichts miteinander zu tun hätten. Dann übten wir die* ***„Aufforderung zum Tanz"*** *und die ersten Schritte. Wir lernten Foxtrott, Tango, Walzer, Swing und Bolero. Am schnellsten und besten begriffen wir den langsamen Walzer nach dem Lied von dem Mädchen, das sehnsüchtig auf den Geliebten wartet:* ***„Weißer Holunder blüht wieder im Garten. Ich bleib dir treu, sing's immer aufs Neu."***
Dann kam der große Tag des ***Abschlussballes****. Die meisten Mädchen hatten sich zum ersten Mal geschminkt und überhaupt schön gemacht. Wer mit wem stand ja fest, wir hießen* ***Tanzstundenherren*** *und die Mädchen* ***Tanzstundendamen****. Dreimal vorher hatten wir die Damen, nach Aufforderung der Lehrerin und eigenem Antrieb,* ***„nach Hause begleitet"****. Inklusive Kuss vor der Haustür. Beim Ball sollten oder mussten wir einmal die Mutter unserer „Dame" auffordern. Ich hatte Glück, weil die Kapelle gerade „Weißer Holunder blüht wieder im Garten" anstimmte.*

Die meisten jungen Leute tanzten in den fünfziger und sechziger Jahren noch recht brav. Doch auch so mancher Rock 'n' Roll wurde aufs Parkett gelegt.

Darf ich bitten?

Kapellen spielten zum Tanz

Nicht alle jungen Damen und Herren aus den Vierzigern sangen in den Sechzigern Studentenlieder mit ihren Kommilitonen. Viele hatten ihren Facharbeiterabschluss schon in der Tasche und verdienten „richtig Geld". Ei-

nen Freund oder eine Freundin suchten fast alle, die Ehemaligen hießen nicht „Ex“, sondern „Verflossene“.
Die meisten jungen Männer und Frauen wussten wenigstens ungefähr, wie das alles lief. Beste Erfolgsaussichten boten sich in **Tanzsälen** und **Tanzlokalen**. Live-Musik war dort so selbstverständlich, dass niemand dieses Wort in den Mund nahm, aus den Kapellen wurden auch erst später „Bands“. Die Musiker hatten keine „Fans“, verteilten keine Autogramme und verdienten mehr schlecht als reichlich.

Doppelrandgenähte Schuhe, ... Petticoats

Was die Kleidung betraf: Im stahlblauen Sakko, heller Hose, mit doppelrandgenähten Schuhen, Schlips und Kragen sah ein Mann modern aus. Frauen und Mädchen trugen oft die berühmten **Petticoats** unter den Röcken, ihre Blusen zierten möglichst viele romantische Volants, flache, bequeme Ballerina-Schuhe machten aus ihnen meist bewegliche Tänzerinnen.

Wilder Rock ‘n’ Roll im Petticoat.

Eintritt verlangten die Lokale selten, dafür aber oft 10% der Rechnung als **Musikaufschlag**. Ein Glas Bier kostete dann etwa 0,70 Mark, die Tasse Kaffee 0,90 Mark, eine Flasche Wein zwischen 10 und 19 Mark. Krimsekt war nicht unter 22 Mark zu haben. Die ersten Filterzigaretten der DDR hießen **F58**. Wer Tabakwaren aus dem Westen besaß, legte sie gut sichtbar auf den Tisch.

Tanzbar sechziger Jahre im Hotel Vier Tore in Neubrandenburg.

So fanden sich junge Frauen chic.

Die Pille gab's noch nicht

Hans W.:

*„**Darf ich bitten?**", war für die Männer eine Pflichtübung wie ein möglichst zwangloses aber geistreiches Gespräch mit der Dame während des Tanzes. Bloß nicht so: „Wir haben uns doch schon mal irgendwo gesehen."*

Nach drei Stücken machte die Kapelle erst mal Pause. Dann zurück mit der Dame am Arm, Stuhl zurechtrücken, Verbeugung. Alte Schule für junge Männer. Und dann, nachdem die Kapelle „Auf Wiedersehen" gespielt hatte, möglichst weltmännisch:

„Darf ich Sie nach Hause begleiten?" Nach zustimmender Antwort bot er ihr draußen erst mal wieder den Arm, nahm ihr die Tasche ab und plauderte geistreich weiter. Nicht die ganze Zeit, klar. Aber alles blieb meist erst einmal in Grenzen.

Die „Pille" war noch nicht ärztlich oder käuflich zu erwerben. Aber es gab noch andere, sozusagen moralische Gründe für eine gewisse Zurückhaltung. Alte Schule für junge Frauen.

Bedürfnisse und Probleme

Heißer Rotwein gegen Schwangerschaft

Was die Verhütung ungewollter Schwangerschaft anging, kannten die Jugendlichen in der DDR die üblichen Methoden. Aber auch einigermaßen exotische.

Armin M. hat eine ausprobiert:

*Also, die Präservative hielten auch nicht immer, was sie versprachen. Auch bei mir einmal. Herrgott, ich war 18 (1950 setzte die DDR das Volljährigkeitsgesetz von 21 auf 18 Jahre) und zum Glück meine Freundin auch. Ja, daran dachte ich, weil auf Verführung Minderjähriger angeblich Knast stand. Dann fiel mir die Geschichte vom heißen Rotwein ein. Den hatte mein Mädel aber natürlich nicht in ihrem möblierten Zimmer vorrätig. Also lief ich (3 Uhr nachts) zum Bahnhof, nur dort gab's noch was. Und dann der heiß gemachte Rotwein. Mindestens eine halbe Flasche hatte ich gehört. Meine Freundin schaffte sie, und machte ein paar Tage später Schluss mit mir. Ihre Begründung höre ich noch heute: „Ich habe mich bei einem Frauenarzt erkundigt. **Heißer Rotwein macht nur besoffen.**"*

Doppelmoral

Die öffentliche und überwachte Moral in der DDR der 60er Jahre predigte Treue und Enthaltsamkeit, fast wie die katholischen Priester.

„**Seitensprünge**", von „**Fremdgehen**" redete man seltener, wurden in den

Kollektiven ausgewertet und geahndet. Chefsessel begannen zu wackeln, wenn der, der darauf saß, seiner Sekretärin zu nahe kam.

Armin Z. war bei einer Auswertung dabei:
Das war in meinem ersten Jahr als Lehrer in N. Frau G. und Herr K. hatten was miteinander und das war rausgekommen. Genauer: Ein gemeinsamer Barbesuch und anschließend Austausch von Zärtlichkeiten. Der Direktor führte den Vorsitz bei der Auswertung. Er wollte, dass entweder Frau G. oder Herr K. an eine andere Schule versetzt werden sollte. Oder Frau G. sich scheiden lasse, damit alles „sauber über die Bühne" gehen konnte. Der ledige Herr K. wollte aber die einige Jahre ältere Frau G. auf keinen Fall ehelichen. Sie umgekehrt ihn auch nicht unbedingt. Darüber diskutierte unsere Gewerkschaftsgruppe ungefähr eine Stunde. Besonders über die Frage, was „Zärtlichkeiten" eigentlich waren. Die Sache endete total überraschend. Frau G. holte plötzlich wütend eine Schallplatte aus ihrer Tasche. Darauf stand: ***„In Liebe, dein O...“***. *O... hieß der Direktor.*

Aber keinen Damenbesuch bitte!

Streng auf Moral achteten auch die Vermieterinnen.
Armin Z. wohnte in einem möblierten Zimmer:
Ich erinnere mich noch an den Empfang durch diese Dame. Sie sah ungefähr so aus wie das Zimmer, so voll gestopft. Angeblich freute es sie, an einen Lehrer vermieten zu dürfen. Das glaubte ich ihr sogar, denn sie redete mich nie anders an als respektvoll „Herr Lehrer". Aber ihr zweiter Satz lautete: ***„Kein Damenbesuch bitte!“*** *Das nun wollte ich mir nicht gefallen lassen. Am Ende einigten wir uns auf:* ***„Kein Damenbesuch nach 22 Uhr.“*** *Meine Kollegen in der Schule kannten die Vermieterin und meinten, dass ich Unglaubliches bei ihr erreicht hätte.*
Gemeinsam in ein Hotelbett durften nur ***beglaubigte Verehelichte***. *So extrem wie bei Armin endeten Verstöße allerdings seltener. Mein Freund war 1966 so gut wie verheiratet. Ich bestellte für ihn und seine Verlobte vorsorglich zwei Zimmer im Hotel unserer Stadt. Mitten in der Nacht standen die beiden hilflos vor meiner Tür. Das Hotelpersonal hatte sie rausgeschmissen, weil eines von den zwei Zimmern nicht benutzt wurde.*

„Bälle, Walter, ... Bälle“

IMs schrieben mit

Gute Redner aus der politischen Elite gehörten in der DDR zur Mangelware. Besonders schlecht vermochte Walter Ulbricht seine Zuhörer rhetorisch zu überzeugen und begeistern.

Seine ewig nuschelnde, regional nicht so einfach dem Sächsischen zuzuordnende Aussprache ermunterte viele Mitbürger zu kabarettistischer Nachahmung und Witzen. Überhaupt wurde viel über politische Witze gelacht. Politische Witze zu erzählen war, wenn man so wollte, nicht definitiv verboten, und die Furcht, deshalb eingesperrt zu werden, hielt sich in Grenzen. Sicher schrieben **IMs** mit, und wenn's darauf ankam und strafverschärfend wirkten konnte, zog die Staatssicherheit auch derartige Äußerungen aus den Regalen. Bekannt sind mittlerweile auch viele Fälle, wo das Witzeerzählen im Gefängnis endete.
Die satirische Zeitschrift „**Eulenspiegel**" versuchte, was in der DDR nicht prinzipiell verboten war, aber immer viel zu kurz kam: Lachen (und damit Nachdenken) über eigene Fehler und Schwächen.

Eulenspiegel-Karikatur 1959: „Wenn wir Otto wiedermal auf Schulung schicken, ist das bestimmt ein großer Gewinn für den Betrieb."

Hans W. kennt viele Witze von damals noch heute:
Auf unseren Feiern damals spielte Wasser keine Rolle und auch nicht die Angst, am nächsten Morgen im Betrieb vielleicht nicht richtig fit zu sein. Deshalb ging's ausgelassener und fröhlicher zu als heute auf vielen Partys.
Ich hatte mich darauf spezialisiert, unseren Staatsratsvorsitzenden nachzuahmen oder Witze zu erzählen. Also zum Beispiel:
Sagt einer „der Sozialismus siegt" und der andere, „mich kannst du nicht erschrecken, ich habe Darmkrebs."
Oder: „Wer hat den weitesten Weg zur Toilette?" Antwort: „Walter Ulbricht, der muss wegen jedem Scheiß nach Moskau."
Oder, ein Transparent in Berlin: „Der Sozialismus siegt! Und auf der Rückseite steht: „Neckermann macht's möglich."
Oder: „Der amerikanische und französische Präsident und die englische Königin stürzen ab, welches Land hatte den größten Verlust?"
Antwort: „Die DDR. Kein führender Genosse im Flugzeug."

Witze, die sich auf die Besatzungsmacht bezogen, kursierten zu Dutzenden.
Ein Beispiel: „Ein deutscher und ein sowjetischer Genosse finden einen Goldbarren.

Der sowjetische Genosse: „Werden wir brüderlich teilen." Darauf der Deutsche: „Auf keinen Fall, wir teilen 1:1."
Etwas älter ist diese Geschichte:
Ein Russe bringt einer deutschen Frau Kaffeebohnen. Sie schüttet diese in eine Kaffeemühle und beginnt zu drehen. Darauf der Russe: „Deutsche Frau, schlechte Frau, ich bringe Bohnenkaffee und sie anrufen Kommandantur." (Anspielung auf die sowjetischen Feldtelefone, bei denen gekurbelt werden musste)

Oder die speziellen Witze über unseren Staatsratsvorsitzenden.
Einmal sagte Walter Ulbricht zu seiner Frau: „Zieh dich mal aus, Lotte", und als sie widerwillig der Aufforderung nachkommt, schüttelt er verständnislos den Kopf: „Ich verstehe nicht, was die im Westen an Striptease finden."
Ein anderes Mal verteilte er Geschenke in einem Kindergarten und weiß nach dem Zweiten nicht weiter: „Liebe Kinder, ich habe euch Roller, Stofftiere und ... und...", stotterte er. Lotte hilft leise nach: ***„Bälle, Walter, ... Bälle!"*** *Worauf der Staatsratsvorsitzende zu bellen beginnt.*

Zelte und Faltboote

Am liebsten wild

Die Faltboote E 65 (Einer, Breite 65 cm) und RZ 85 (Zweier, Breite 85cm) verkauft die Werft in dem kleinen Ort Pouch bei Bitterfeld heute noch – zu erheblich höheren Preisen als zu „Ostzeiten".

Die Boote sind aufgebaut und liegen bereit.

Elke K. besitzt so einen Oldtimer:
Faltboote *waren damals, heute würde man sie wahrscheinlich sogar Kultgegenstände nennen, sehr gefragt. Sie besaßen gleich mehrere Vorteile. Erstens konnten sie per Bahn befördert werden.*
Zweitens passte in die Faltboote unendlich viel: Zelt, Kocher, Töpfe, Klamotten, Gitarre, Schlafdecken, Regenumhänge ...
Ich sparte mir mein Boot vom Stipendium ab und paddelte 1964 mit Freunden zuerst von ***Bad Schandau*** *die Elbe abwärts. Da mussten wir schon fast überall auf offiziellen Zeltplätzen unsere Behausungen aufbauen. In Mecklenburg*

ging's meist noch naturnaher, das heißt, einfach so an einem Fluss oder Seeufer. Manchmal vertrieb uns ein Förster oder Polizist und wenn wir ***„nur für eine Nacht"*** *versprachen, klappte es sowieso fast immer – das* ***wilde Campen****. Wir achteten aber auch extrem auf Sauberkeit.*

Zelten, am besten wild.

Blumenrabatten vor den Zelten

Offizielle Zeltplätze waren bequemer, aber darauf machten sich bald immer mehr Dauercamper breit. Sie sahen nicht nur wie Kleingärtner aus, sondern benahmen sich auch so, legten also vor ihren Zelten ***Blumenrabatten*** und ***Steingärten*** *an und musterten uns ständig mit kritischen Blicken. Dazu gabs auch noch die* ***Zeltplatzkomitees****. Eine Art Hilfspolizisten waren deren Mitglieder oder fühlten sich so. Die Nachtruhe war denen heilig, nach 22 Uhr durfte im Freien nur noch geflüstert werden. Gekostet hat die Übernachtung im eigenen Zelt auf solchen Plätzen nur ein paar Pfennige. Später kam noch ein Problem dazu, die Datschen direkt am Wasser und davor Schilder wie:* ***Privat, baden und anlegen verboten****. Manche Besitzer warteten schon darauf, dass sich ein Boot ihrem Ufer näherte und sie „privat" brüllen konnten. Hunde bellten auch nicht selten an ihrer Seite. Aber wir haben trotzdem fast immer was für uns gefunden, an den Havelquellen bei* ***Kratzeburg****, bei* ***Rheinsberg****, an den* ***Feldberger Seen****, bei* ***Lychen****,* ***Neustrelitz****, am* ***Labus See*** *und vielen anderen Orten. Verpflegt haben wir uns meist selber, gekocht auf dem berühmten* ***Barthels Benzinkocher****. Der war super, aber nicht ganz einfach zu bedienen – Explosionsgefahr. Suppen aus Tüten ins heiße Wasser geschüttet, 10 Minuten warten und ein Stück Brot abgeschnitten, fertig war ein Mittagessen.*
Ein paar Bemerkungen noch zur Ausrüstung. Die ersten Zelte besaßen keinen Boden, das heißt, gelegentlich lief das Regenwasser ins Innere. Luftmatratzen besaßen wir, aber die funktionierten reichlich kompliziert. Sechs schmale Schläuche mussten mit dem Mund einzeln aufgeblasen werden.

Reisen zu den sozialistischen Brüdern

Während in der Bundesrepublik bereits in den fünfziger Jahren die Menschen vom schönen Italien nicht nur sangen und träumten, sondern zum Beispiel Venedig, Neapel, die Toskana und Sizilien mit eigenen Augen besichtigen durften, blieb den Ostdeutschen lange nur die eigene Heimat als Reiseziel. Kein Wunder, dass sie die dann auch viel besser kannten als viele Jugendliche heute, die zwar schon in London und Paris Souvenirs gekauft haben. aber nicht wissen, welche alte Burg vor ihrer Haustür steht.

Reisen nur für Intelligenzler

Am 7. Juni 1964 beschlossen Polen und die DDR einen visafreien Grenzverkehr. Das bedeutete aber noch lange nicht, dass sich nun jeder eine Fahrkarte kaufen und nach Warschau fahren durfte. Erstens brauchte man eine schriftliche Einladung aus Polen und zweitens galt die Regel anfangs – merkwürdigerweise nie offiziell begründet – nur für Intelligenzberufe. Im Arbeiter- und Bauernstaat! Woher nun aber die Einladung nehmen?
Hans W. hatte eine sehr einfache Idee:
*In unserer Stadt **Neubrandenburg** kamen damals jedes Wochenende Busse mit Touristen aus Polen an. Also bin ich zu einem Bus und habe auf Deutsch meine Bitte um so eine Einladung sehr direkt geäußert. Das Ergebnis war toll. Ich hätte zehn haben können. Vier Wochen später fuhren wir **mit dem Trabbi über die Grenze**. Das war ein bisschen spannend. Wir durften ja nur eine bestimmte Menge DDR-Geld tauschen, hatten aber natürlich noch Extrakohle irgendwo versteckt. Wenn das der Zoll fand, war es auf der Stelle futsch.*

Zeitungspapier statt Banknoten

*Gleich hinter der Grenze standen dann Polen, die uns **Zloty für DDR-Mark** gaben. Dabei musste man höllisch aufpassen. Da waren manchmal fixe Burschen am Werk, zählten beispielsweise 1000 Zloty vor und wenn die Händler verschwunden waren, hielt man nur ein paar Banknoten und den Rest Zeitungspapier in der Hand.*
Die Legende von den angeblich massenhaft auftretenden Betrügern aller Art in Polen hat sich leider bis heute erhalten.

Mir hat nie einer auf meinen vielen Reisen in Polen irgendwas weggenommen. Im Gegenteil, überall, wo wir hinkamen, wurden wir freundlich aufgenommen und bewirtet. Wir waren mit Zelten unterwegs, aber manchmal luden uns auch irgendwelche Leute in ihre Wohnung ein und trampen war ein Volkssport.

Trampen: in Polen kein Problem, sondern eine Massenbewegung.

Anstehen für begehrte Reisen

Vor Reisebüros, die Reisen ins Ausland anboten, bildeten sich schon vor dem Morgengrauen lange Schlangen. Wer privat losfuhr, nahm mit, was das Auto oder der Rucksack fassen konnte: Konserven, Schnaps, Käse ...
Hans K.:
Ich fuhr 1966 zum ersten Mal als 19-Jähriger mit drei Freunden per Eisenbahn in die Slowakei. Wir hatten Zelte dabei und das Übliche. Auf jedem Zeltplatz fanden wir sofort intensiven Kontakt mit den Slowaken. Auch auf späteren Reisen nach Bulgarien, Polen oder an die Moldau. Wir verständigten uns auf Russisch oder Englisch. Mit einem tschechischen Freund schreibe ich mir heute noch.

Sonnabendnacht und Sonntagmorgen

„Das gibt's in keinem Russenfilm"

Neue Kinos öffneten in den Sechzigern nicht nur in **„Berlin Hauptstadt der DDR"** ihre Türen und Kassen. Überall in der Republik entstanden neue **Filmpaläste** oder wurden vorhandene modernisiert.
Die jungen Damen und Herren aus den „Vierzigern" guckten sich natürlich keine Märchenfilme mehr an. Die sowjetischen Streifen waren von sehr un-

terschiedlicher Qualität und Wirkung. In den Kriegsfilmen siegten natürlich stets die moralisch und kämpferisch überlegenen sowjetischen Truppen, zum Beispiel in **„Der Fall von Berlin“**, **„Man wird nicht als Soldat geboren“** oder **„Im Morgengrauen ist es noch still“.**
Manche Szenen kamen den Kinobesuchern in diesen und anderen Filmen dann doch etwas übertrieben vor.
Deshalb wurde **„das gibt's in keinem Russenfilm“** in der DDR lange Zeit sprichwörtlich.

Arthur Seaton, ein junger Mann, will in dieser Geschichte kein Narr sein, will leben, trinken, lieben ... Bloß nicht so, wie sein stumpfsinniger Vater, der alles über sich ergehen lässt. Als Brenda ihm gesteht, dass sie ein Kind erwartet – ein ungewolltes Kind gehörte in vielen Filmen damals einfach dazu – hat Arthur längst ein Verhältnis mit Doreen ...

Großartige Literaturverfilmungen wie **„Auferstehung“** nach dem Roman von Leo Tolstoi (1961) bewiesen, dass sowjetische Schauspieler und Regisseure „auch dieses Genre“ hervorragend beherrschten. Nicht versäumt werden durfte der Kurt-Hoffmann-Film **„Felix Krull“** nach dem Roman von Thomas Mann mit **Horst Buchholz** und **Liselotte Pulver** in den Hauptrollen (1960). Der DEFA-Streifen **„Der Fall Gleiwitz“** (1961), unter anderen mit **Hanjo Hasse**, **Herwart Grosse**, **Rolf Ludwig,** versuchte erfolgreich, historische Gegebenheiten spannend zu erzählen, einigermaßen ernsthafte Unterhaltung bot **„Lügen haben hübsche Beine“** (1961) aus Österreich. Im Gedächtnis vieler ist ein englischer Film geblieben: **„Sonnabendnacht und Sonntagmorgen“,** weil dieser Streifen den Nerv vieler junger Leute sicher nicht nur im Osten traf.

„Störfreimachung“ und andere Aktivitäten

Preisgünstig leben

Walter Ulbricht wollte die DDR-Wirtschaft „störfrei“ machen, Erich Honecker den Westen später **„überholen, ohne einzuholen“**.

Die Abhängigkeit von Importen aus kapitalistischen Ländern blieb und als Folge chronischer Devisenmangel. Das Geld der DDR war aus vielen Gründen nicht frei konvertierbar, weshalb es manche verächtlich „**Aluchips**“ nannten. Übersehen wurde dabei, dass die Preise für **„Waren des täglichen Bedarfs“** über Jahrzehnte in der DDR konstant blieben (so musste man auch 1989 für ein **Brötchen nur 0,05 Mark** auf den Tisch legen, eine **Tasse Kaffee** kostete nach wie vor in der Regel **0,84 M**, **der Liter Benzin 1,50 M** und auch die Wohnungsmieten „dynamisierten“ sich nicht automatisch). Sehr tief in die Tasche greifen (und oft lange warten), mussten die Menschen im Osten dagegen bei den **„Waren des gehobenen Bedarfs“**.

Entlassungen tabu

Der **„Bereich für Kommerzielle Koordinierung“** (KOKO – Dr. Schalck-Golodkowski, gegründet 1967) beschaffte Devisen im westlichen Ausland (was bis 1989 nie in einer ostdeutschen Zeitung stand).

Zu Hause sollten aus eigener Kraft Niveau und Qualität der produzierten Waren durch bestimmte Aktivitäten erhöht und **„noch vorhandene Versorgungsengpässe“** geschlossen werden.

Das begann in den Schulen und Lehrwerkstätten. Die **MMM** (Messe der Meister von Morgen) sammelte, demonstrierte und prämierte Ideen junger Menschen. Alle Werktätigen waren aufgerufen, **Verbesserungsvorschläge**, die später **Neuerervorschläge** hießen, zu entwickeln und einzureichen.

Die finanzielle Vergütung solcher Ansrrengungen motivierte in vielen Betrieben die Arbeiter und Ingenieure und führte oft zu echter Materialeinsparung, Kostensenkung und Qualitätsverbesserung. Bestimmte Grenzen aber durften dabei nicht überschritten werden, also etwa Vorschläge, die zu Entlassungen geführt hätten. Das verfassungsmäßig garantierte **„Recht auf Arbeit“** hemmte zweifellos (neben anderen Faktoren) die Erhöhung der Produktivität, gab aber den Menschen der DDR eine Menge **soziale Sicherheit**.

Neuerervorschlag „Ampelmännchen“

Ein Neuerervorschlag führt noch heute zum Streit, wer es denn jetzt „vermarkten“ dürfe. Am 13. Oktober 1961 reichte **Karl Peglau** (er wurde 2007 80 Jahre

Ampelanlagen regulierten übrigens längst nicht allen Verkehr an Straßenkreuzungen. Oft schwenkten „weiße Mäuse“ (Verkehrspolizisten) stattdessen die Arme hin und her und pfiffen Falschfahrer und Falschläufer schrill zurück.

alt) sein „**Ampelmännchen**" ein. Interessant ist die Begründung: Autos, Fußgänger und Radfahrer mussten damals nach einem Ampelsignal fahren, laufen oder stehen bleiben, was oft zu Unfällen führte. Das „Ampelmännchen" signalisierte ausschließlich und unmissverständlich den Fußgängern: Rot mit ausgebreiteten Armen: Halt! Grün, dynamisch im Schritt: Los geht's!

Die Höhen der Kultur

Der Film „Spur der Steine" wird verboten

Die Partei rief dazu auf und die Menschen in der DDR folgten: „Stürmten die Höhen der Kultur", wenn auch nicht immer in die richtige Richtung und auf den vorgeschriebenen Wegen.
Paul P. war in seiner Brigade für Kultur zuständig:
*Ich wurde 1964 zwanzig Jahre alt und interessierte mich für Bücher, Bilder, klassische Musik und Theater. Deshalb wählten sie mich zum „Kulturmenschen" innerhalb der Gewerkschaftsleitung. Ich war auch für das Brigadetagebuch verantwortlich. Viele fanden so ein Buch damals albern, wir nicht. Ich organisierte Theaterabende, Kinobesuche und brachte es sogar fertig, meine Kollegen für klassische Musik zu motivieren. Einmal besuchte uns Bunesen (Arbeiter im Bunawerk) der Schriftsteller **Erik Neutsch** und las aus seinem Roman **„Spur der Steine"**. Wir fanden die Stori erst ganz interessant und dann, glaube ich, sogar toll, den Neutsch auch, und dass die Künstler zu uns in die Betriebe kamen. Nicht fassen konnten wir später, dass der Film mit **Manne Krug** verboten wurde.*

„Bückware" und sozialistischer Realismus

Für Bücher und Verlage waren die Sechziger eine gute Zeit, Absatzprobleme waren weitgehend unbekannt. Im Gegenteil, manches Werk wurde zur berühmten „**Bückware**", was so viel hieß, dass man es nur erhielt, wenn sich der Verkäufer „bückte", also aus nicht offiziellen Regalen zog. Lesen war „in" bei den jungen Leuten. Über Romane, Gedichte und Theaterstücke stritten in den Sechzigern nicht nur Studenten und Intelligenzler. Viele wussten, was neu, interessant ... und von daher schwer zu kriegen war. Nicht wenige solcherart berühmt gewordene Bücher hatten DDR-Autoren geschrieben, zum Beispiel **Brigitte Reimann** und **Maxi Wander**. Die Werke anderer waren in **ostdeutschen Verlagen** erschienen: **Graham Greene**, **Remarque**, **Sartre**, **Kafka** (nach langen Diskussionen), **Dürrenmatt**, **Hemingway** ...
Heinrich Böll liebten und verehrten seine 20- bis 40-jährigen Leser in Ostdeutschland besonders. Der Roman **„Ansichten eines Clowns"** erschien allerdings nicht wie sonst bei Böll üblich im **ostdeutschen Insel-Verlag**, weil da was drin stand,

was DDR-Bürger nicht lesen sollten. Immer gab's so ein ewiges Gezerre, ob oder ob nicht. Scharf wehte den Künstlern der Wind nach der berüchtigten 11. Tagung des Zentralkomitees 15.–18.1965) ins Gesicht. Hier wurde wieder einmal der **sozialistische Realismus** als allein selig machend befohlen, und wer das nicht wollte, musste sehen, wo er ausstellen oder veröffentlichen konnte.
„Der geteilte Himmel" hatte **Christa Wolf** 1963 reichlich offizielle Anerkennung eingebracht. Später wurde der Roman sogar erfolgreich verfilmt. Aber dann lasen sozialistisch-realistische Kritiker im Buch **„Nachdenken über Christa T."** zu viel von dem, was im Staat auch passierte und kanzelten das Werk regelrecht ab.
So ging es vielen Schriftstellern, Malern, Schauspielern, Musikern und nicht wenige verließen resigniert die DDR.

Beispiel für realistische Kunst.

Den Normalverbrauchern aber blieben: Preiswerte Bücher, billige Konzert- und Theaterkarten, Zirkel **„schreibender Arbeiter"**, Mal- und Zeichenzirkel, Besuche von Künstlern in den Betrieben und anderen Einrichtungen, und mit etwas Glück oder Westbeziehungen auch Bölls „Ansichten eines Clowns" auf ihrem Weg zu den Höhen der Kultur.

Prager Frühling

Hautnah miterlebt

Die so genannten Volksdemokratien von Stalin nach dem Zweiten Weltkrieg, nach bitteren historischen Erfahrungen auch als erste Verteidigungslinie gedacht, erwiesen sich immer wieder als instabil, was im Klartext bedeutete, ihre Bürger wollten die Abhängigkeit vom „großen Bruder" nicht mehr. Erwähnt seien die Protestaktionen in der Tschechoslowakei und Ungarn 1953 und der **17. Juni** des gleichen Jahres in der DDR.

Hautnah erlebten viele junge Leute aus der DDR den „**Prager Frühling**“ 1968. Alexander Dubĉek, 1. Sekretär der tschechischen kommunistischen Partei, setzte sich an die Spitze einer von breiten Schichten der Bevölkerung unterstützten Reformbewegung.
Am 12. August 1968 versuchten **Walter Ulbricht** und andere SED-Funktionäre in Karlsbad vergeblich, Dubček umzustimmen. Am 21. August 1968 walzten dann sowjetische Panzer auf den Prager Wenzelsplatz und anderswo den hoffnungsvollen Versuch einer Veränderung gewaltsam nieder – unter Beteiligung, wie stark und wo ist noch immer umstritten, von Einheiten der NVA der DDR. Gefordert wurden unter anderem die Aufgabe des Führungsanspruchs der Sowjetunion, Einführung echter Demokratie, Schluss mit den starren Strukturen in der Wirtschaft, die immer mehr dazu führten, dass der wissenschaftlich-technische Abstand zum Westen größer wurde.

Unterschrift für Dubček

Karl W. verbrachte seinen Sommerurlaub 1968 an der Moldau:
Budapest *und* ***Prag*** *waren für uns DDR-Jugendliche die Städte der großen weiten Welt. Prag war schneller erreichbar, wenn auch meist in überfüllten Zügen. Im August 1968 paddelten wir auf der Moldau und merkten bald, dass die Tschechen neben uns immer nervöser wurden. Einer erzählte uns, dass* ***Walter Ulbricht*** *in Karlsbad mit* ***faulen Äpfeln*** *beworfen worden wäre und wir dachten, na, das kann ja was werden. Aber ehrlich, wir schöpften auch Hoffnung auf Veränderung. Den Sozialismus wollte Dubcek ja nicht abschaffen. Er war sehr populär. Überall saßen junge Leute mit Unterschriftenlisten für ihn.*

Auch viele DDR-Bürger unterschrieben im Sommer 1968 für Dubček.

Wir unterschrieben auch. Aber dann, nach dem 21. August wurde es teilweise kritisch für uns. Die Freundlichkeit verschwand aus den Gesichtern der Tschechen und Slowaken, an manchen Orten wurden sie auch handgreiflich, das habe ich aber nur gehört, warfen mit Steinen nach deutschen Autos.

In der DDR hatten die Ereignisse noch einige Nachspiele. Reisen ins Nachbarland waren erst mal gestrichen. Das reichte aber der Partei oft nicht.
Karl W. erinnert sich:
Überall in der DDR sollten im Herbst 1968 die Bürger unterschreiben, dass

alles richtig und notwendig gewesen war in der Tschechoslowakei. Partei und Gewerkschaft machten ziemlich Druck, hauptsächlich mit persönlichen Aussprachen. Die in der Verwaltung knurrten zwar, aber unterschrieben doch. Bei uns in der Produktion lief das aber nicht. Wir erklärten uns nur bereit, ein Bild von Alexander Dubcek in der Werkstatt zu entfernen.

Westkontakte

Beglaubigte Einladung zu Omas 80stem

Völlig aus Augen und Sinn verloren sich die Deutschen beiderseits der Grenze nicht.

ARD-Programme erreichten fast das gesamte DDR-Gebiet, die Post beförderte Briefe hin und her – Pakete mehr her – auf telefonische Verbindungen musste zwar stundenlang gewartet werden, aber wer über genug Geduld und einen Apparat verfügte, hörte schon mal die Stimme der Tante aus Hamburg, NSW-Kader (Nichtsozialistisches Ausland) reisten offiziell in Richtung Westen. Verwandte ersten Grades durften anlässlich besonderer Ereignisse wie **Goldene Hochzeit**, **80. Geburtstag**, **Beerdigung)** besucht werden. Als Voraussetzung dafür mussten eine **beglaubigte Einladung** vorgelegt und ein langes Antragsformular ausgefüllt werden.
Gänzlich verboten waren Westkontakte (auch brieflich) beispielsweise für Offiziere der NVA.

Was „Bundis" dachten

Zu Höhepunkten in der Familie gestalteten sich Westbesuche.

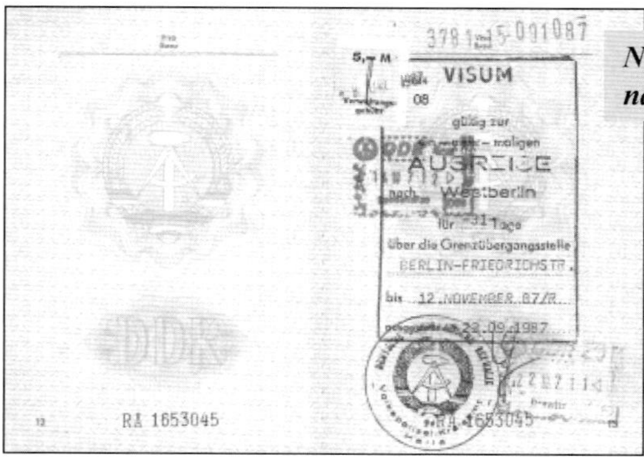

Nur mit Visum von Ost nach West.

Hans K. (geboren 1945):
Meine ***Tante Marie aus Stuttgart*** *kam regelmäßig zweimal pro Jahr und brachte lauter Sachen mit, die es bei uns nicht oder nur selten gab. Meine Eltern*

überschlugen sich beinahe vorher. Nur das Teuerste wurde eingekauft, Sekt zum Beispiel die Flasche für 22,– M. Ich fand das alles sehr bescheuert. Erstens die Erwartungen meiner Eltern und vieler DDR-Bürger. Warum meckerten die, wenn nicht genug Pakete von drüben geschickt wurden oder dies und das nicht mitgebracht wurde? Ich meinte, dass meine Tante nicht verpflichtet war zu irgendwas. Und dann die Gespräche. Hier angeblich alles schlecht und drüben der ***Himmel auf Erden****. Ich habe genau wie viele meiner Freunde oft die DDR verteidigt.* ***„Wo sind denn eure Kinderkrippen?“****, habe ich beispielsweise die Tante gefragt und* ***„wo die Arbeitslosen bei uns?“*** *Der Kapitalismus ist auch kein Weg. Davon war ich damals überzeugt und habe die Schwächen auf unserer Seite kleingeredet. Übrigens nicht nur gegenüber meiner Tante, auch wenn wir zum Beispiel in Prag mit „****Bundis****“ – so nannten wir die aus der BRD – ins Gespräch kamen. Viele traten ja immer so überheblich auf und glaubten, dass wir vielleicht noch nicht mal elektrisches Licht in den Wohnungen hatten. Ja, da wurden wir manchmal kurzzeitig zu richtigen jungen Sozialisten.*

Was sonst noch geschah

1945	Nazideutschland kapituliert
1946	Gründung der FDJ
21.4.–22.4.1946	Gründung der SED
1948	Gründung der Kasernierten Volkspolizei (KVP)
1948	Gründung der Pionierorganisation
1949	Gründung der Bundesrepublik
1949	Gründung der DDR
1950	Herabsetzung des Volljährigkeitsalters von 21 auf 18 Jahre in der DDR
27.5.–30.5.1950	Deutschlandtreffen in Berlin
21.12.1952	Der Deutsche Fernsehfunk sendet erstes Versuchsprogramm
17.6.1953	Aufstand in Ostberlin und der DDR
12.11.1955	Gründung der Bundeswehr
1956	Volkskammer beschließt Schaffung der NVA
1956	Wehrpflicht in der BRD
1958	Abschaffung der Lebensmittelkarten in der DDR
1961	Bau der Mauer
2.1.1964	Neue Personalausweise für „Bürger der Deutschen Demokratischen Republik“
15.12.–18.12.1965	11. Tagung des ZK der SED (harsche Kritik für Kulturschaffende)
1967	Einführung der Fünf-Tage-Arbeitswoche (43 3/4 Stunden)
1968	Volksentscheid für eine neue DDR-Verfassung
1968	Ulbricht trifft Dubcek in Karlsbad
20.8.–21.8. 1968	Okkupation der CSSR
19.3.1970	Bundeskanzler W. Brandt und DDR-Ministerpräsident Stoph treffen sich in Erfurt!

Weitere Bücher aus dem Herkules Verlag zum Verschenken

Alltagsgeschichten Westdeutschland

Oh je, wie doch die Zeit vergeht!
Geboren in den 20ern
von Geo Kaef
80 S., gebunden, zahlr. S-w-Fotos
(ISBN 3-937924-19-1)

Oh je, wie doch die Zeit vergeht!
Geboren in den 30ern
von Jochen A. Veeser
80 S., gebunden, zahlr. S-w-Fotos
(ISBN 3-937924-20-5)

Oh je, wie doch die Zeit vergeht!
Geboren in den 40ern
von Wolfgang Rudolph
80 S., gebunden, zahlr. S-w-Fotos
(ISBN 3-937924-21-3)

Oh je, wie doch die Zeit vergeht!
Geboren in den 50ern
von Günther Klugermann
80 S., gebunden, zahlr. S-w-Fotos
(ISBN 3-937924-22-1)

Herkules Verlag
Richard-Strauß-Straße 33 · 34128 Kassel
Telefon (0561) 9 37 17 38